河田恵昭
Yoshiaki Kawata

津波災害 増補版

——減災社会を築く

岩波新書
1708

増補版へのまえがき

本書の初版が刊行されて約三カ月後に、東日本大震災が起こった。本書で書いたことが現実に起こり、私は大きなショックを受けた。しかし、悲しみと悔しさに浸る暇などなく、その年の暮れまでにおよそ一三〇回、大阪と東京を新幹線で往復する日々が続いた。政府が設けた東日本大震災復興構想会議、および東北地方太平洋沖地震の発生を受けて設置された地震・津波対策に関する専門調査会と、それに続く関連会議に出席するためである。

東日本大震災が起こって、私自身、あらためて津波災害の恐ろしさを理解した。しかし、それにもまして、「この大震災が終わりではないのだ」という恐怖感が、その後、ずっと私を苦しめた。なぜあのような巨大な津波が発生したのか、なぜあのように多くの人が犠牲になったのか。現在に至ってもその答えは見つかっていない。それにもかかわらず、この未曽有の被害をはるかに凌駕する、南海トラフ巨大地震発生の切迫性が日ごとに高まっているのである。二〇一八年一月一日時点での三〇年以内の発生確率が七〇〜八〇パーセントとは、「いま起きてもおかしくない」ということである。

本書は単なる災害の解説にとどまらず、読んでいただいた人が被害から免れ、命を失わずにすむ一助にならなくてはいけない。図らずも津波災害が現実のものとなり、私はそう思うようになった。東日本大震災の津波では高齢者ほど多く亡くなったが、住民の約三〇パーセントの人が、津波が来ているにもかかわらず避難しなかったことがわかっている。このように、東日本大震災が起こって新たにわかったこと、そしてまだわかっていないことを読者諸兄諸姉にお伝えし、「国難災害」とも言える、来たるべき南海トラフ巨大地震での被害を少しでも減らすための助言をしなければならない。今回の増補版を出すにあたり、私はそう考えている。

東日本大震災の直後から、私がセンター長を務める「人と防災未来センター」は、組織を挙げて宮城県を中心に被災自治体の災害対応の支援を六カ月以上継続した。その過程で、今回の巨大津波の発生機構が、徐々に明らかになってきた。しかし、約四〇年に一度発生してきたプレート境界地震に津波地震が重なったことまではわかったが、詳しいメカニズムは現在も不明である。その一方で、南海トラフ巨大地震が、可能性のある最大クラスの津波(津波断層モデルM九・一、地震断層モデルM九・〇を想定)を起こせば、人的被害のみならず社会経済被害も、東日本大震災の優に一〇倍以上の規模で発生することが明らかになってきた。しかも、その被害の多くの部分が、津波によって発生することもわかってきた。

それだけではない。「南海トラフ巨大地震は予知できない」という近年の地震学の成果を受けて、東海地震が事前に予知できることを前提に施行された大規模地震対策特別措置法(一九七八年。以後、大震法と略記)は見直さざるを得なくなった。気象庁は当面の措置として、二〇一七年一一月一日から新しく臨時情報を発令する体制を発足させたが、東海地震は南海トラフ沿いに起こる巨大地震の一部に過ぎないことを考えると、従来の大震法はあまりにも地域限定性が強く、現状にそぐわないことも露呈してきた。つまり、現状では、南海トラフ巨大地震に対しては、突如見舞われることを前提に、日常的な防災対策を進めざるを得ないのである。

私はこれら国の一連の審議過程に参画し、その変更を受けて、新たな津波災害の特徴やその減災・縮災対策について、多くの国民に知っていただく努力をする必要性を強く感じてきた。今回、この増補版を執筆したのは、もはや一刻の猶予もならないと思うからである。

しかも、私たちが備えるべきは、南海トラフ巨大地震ばかりではない。巨大な津波は北海道の千島海溝沿いでも起こる。また、日本海沿岸でもプレート境界地震の空白域が広がっており、油断ができない状態が続いている。いずれ関東大地震級の地震発生の危険性もあると考えられており、この大地震による津波も心配である。今回の増補版が、これら津波災害の減災と縮災のために、いささかなりとも役立ってくれることを願っている。

旧版まえがき

この本の出版は、二〇一〇年二月二七日に発生したチリ沖地震津波がきっかけとなっている。わが国では、約一六八万人に達する住民を対象に、避難指示・避難勧告が出されたが、実際に避難した人は三・八パーセントの約六・四万人に過ぎなかった。とくに、津波常襲地帯の北海道、青森、岩手、宮城、三重、和歌山、徳島、高知の各県の沿岸市町村でも、対象人口約七四万人中、五・一パーセントの約三・八万人が避難したに過ぎない。このように極めて低い避難率であった。近年の津波災害では、住民の避難率が大変低いことはすでに問題となっていた。しかも、年々これが低くなっているのである。

「こんなことではとんでもないことになる」というのが長年、津波防災・減災を研究してきた私の正直な感想であり、一気に危機感を募らせてしまった。沿岸の住民がすぐに避難しなければ、近い将来確実に起こると予想されている、東海・東南海・南海地震津波や三陸津波の来襲に際して、万を超える犠牲者が発生しかねない、という心配である。政府の中央防災会議が推定した津波による犠牲者数は、対象住民の避難率を一九八三年日本海中部地震津波や一九九三年北海道南西沖地震津波と同じと仮定して求めている。もし今回のように多くの住民が避難しなければ、犠牲者はとんでもない数字に膨れ上がるのは確実である。それでなくても日本列島の周辺では、津波発生の危険が至る所に存在している。また、太平洋の遥か彼方、今回のように一万七〇〇〇キロメートルも向こうのチリからも来襲する。そして、なぜそのような遠距離を減衰もせずに津波がやってくるのかとか、どれくらいの破壊力があるのかについての知見はよく知られていない。

わが国では、津波のメカニズムは、工学や理学研究科の大学院博士前期課程の「海岸工学特論」や「海洋物理学」の講義で学ぶ。社会の防災力の知識は、情報学研究科などの「災害論」や「危機管理」に関する科目で得ることになる。しかし、津波防災・減災対策を進めるには、津波のメカニズムと防災力に関する知識が必要であり、これを提供できる文理融合型の研究・教育組織はわが国のみならず、世界的にも皆無の状態であった。

それでは、どうすれば人びとは津波災害に関する〝役に立つ〟知識を手に入れることができるのだろうか。その答えが本書の出版である。そのためには手にとって読んでいただかなければならない。津波に関するいろいろな特徴を理解していただいた上で、私の津波防災・減災論、いわば哲学を知っていただこうというのである。そして、記述する内容に関しては、私が勤務する大学の自然科学系と社会科学系の学生諸君に対するアンケート結果などを参考にすることにした。彼らは共通してつぎの三つのこと、すなわち、津波のメカニズム、被害そして情報について知りたがっているということがわかった。

本書の構成は、それらを反映している。津波は発生した瞬間から消滅するまで、広大な空間に対して長時間にわたって危険をもたらすという、ほかの災害にない特徴をもっている。たとえば、一九六〇年チリ津波や二〇〇四年インド洋大津波などの巨大津波は、太平洋やインド洋全沿岸域に被害をもたらしただけではなく、これとつながった世界の海の隅々まで伝播した。この状態が数日以上継続した海域があった。このような異常な自然の外力が長時間続くことや地球全域に広がるという広域性は、大地震や大洪水でもかなわない。

そして、私が読者にとくに伝えたいことは、「避難すれば助かる」という事実である。そのためには、まず津波に関する知識の絶対量を増やすことが先決である。これらの知識で新しい〝常識〟を身につけるのである。しっかりとした知識に基づく避難をここでは「生存避難」と名付けた。これからの安全・安心な減災社会では津波に関する包括的な知識とそれに基づく行動が必要なのである。

目　次

目　次

序 章
“安全な津波”はない

1992年インドネシア・フローレス島地震津波が襲ったバビ島の津波来襲後写真(上．ヘリコプターから撮影)．7 m の津波が島を襲いすべての住居が破壊され，住民263人が犠牲になった．住民は地震の経験がなく，フローレス島の火山が噴火したと錯覚した．津波後，この島は居住禁止になり，イスラム教徒とキリスト教徒の住民がそれぞれに住む2つの集落は，フローレス島の異なる場所に再定住した．16年後の2008年現在，バビ島には下の写真のように，簡単な小屋が建てられ，漁師の一時滞在所として活用されている．手前には津波で被災した住宅のコンクリート製基礎が残っている(いずれも筆者撮影)．

五〇センチなら大丈夫なのか?

小さな子どもたちと一緒に海水浴を楽しんでいる最中に、津波注意報が発令されたとき、あなたはどうするだろうか? 「津波の高さは低いから大丈夫だ!」と勝手に判断してそのままいると、とんでもないことになる。たとえば、浮輪やビーチボールにつかまって浮いている子どもは、沖に一キロメートル以上も流される危険がある。

水の深さが五〇センチメートル程度の波打ち際に立っていて、そこに高さ五〇センチメートルの津波が来たら、あなたはそこに立っていられるだろうか? まず、五〇センチメートルの深さのところに高さが五〇センチメートルの津波が加わると、海底から海面まで一メートルの深さの海水が、鉛直方向にほぼ一様の速度で、岸に向かって流れてくると考えてよい。そのときの流速は、津波の波長によって変化するが、およそ毎秒二メートルである。しかも海底の砂や砂利を巻き上げてやってくる濁流である。そのとき身体にはおよそ〇・三トン強の力が働く。立っておれずに転倒して、津波と一緒に流されることは間違いない。

海水浴場の光景．もしここで津波が来たら，
あなたはどうする？

もし、津波と一緒に砂浜を引きずられたとしよう。その場合、水の中であるのに、あなたは大やけどをする可能性がある。なぜなら、砂浜はあたかも「濡れたサンドペーパー」のようになるからである。その上で身体をこすりつけるように運ばれるからやけどするのである。一九九八年のパプアニューギニアの地震津波災害の調査を実施したとき、私はこのことに気がついた。負傷者が運ばれてきた病院では、骨折よりも圧倒的にやけどを負った住民が多かったのである。

つぎに、港の岸壁を考えてみよう。左図のように、前面の深さが一〇メートルあり、岸壁（海面上高さ一・五メートル）に高さ二メートルの津波がやってきたとしよう。この津波が岸壁に衝突したら、その直後の岸壁上の津波の浸水深は、それらの差の五〇センチメートルだろうか？　来襲する津波の周期によって変化するが、計算すると、背後の路上ではおよそ一・九メートル近い浸水深となることがわかる。つまり、津波がそのまま陸上に乗り上げると考えてよい。そのとき、岸壁

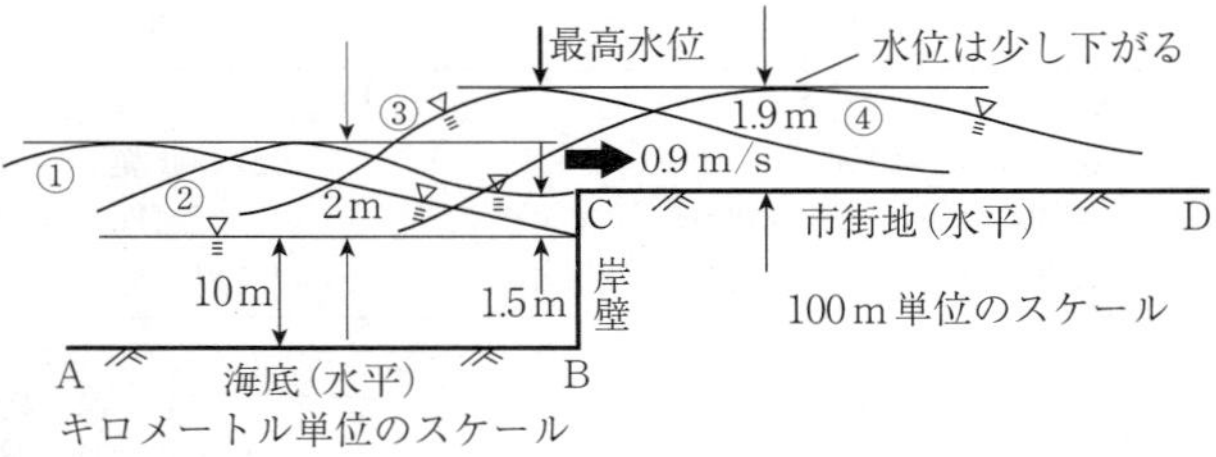

周期 30〜40 分，高さ 2 m の津波が海面上高さ 1.5 m の岸壁に衝突し，市街地はん濫した場合の津波の波形と市街地の断面平均流速が 0.9 m/s となることを示す模式図（AB 間と CD 間の水平縮尺が異なる．①から④は時間経過を表す）

から一〇〇メートルも離れた道路上でも、津波の浸水深はほとんど変わらず、流速は毎秒〇・九メートルのままで、なかなか減衰しないことが見出されている。これでは、歩くどころか、自動車ごと流されることは間違いないだろう。

なぜ津波は侮られるのか？

ここでは、二〇一〇年二月二七日に発生したチリ沖地震を例にとって、「決して侮ってはいけない」ことを示してみよう。

まず第一に、起こった地震や津波のエネルギーの大きさがピンと来ないことが挙げられる。この地震のマグニチュード（M）は八・八であった。これがどれくらいのエネルギーの大きさなのかを次のページの表に示した。まず、広島型原子爆弾の二万二〇〇〇発に相当する。あるいは、二〇〇六年の世界のエネルギー消費量の五・七パーセント（石油

2010年チリ沖地震(M8.8)のエネルギーの比較

エネルギーの大きさ	(10の18乗)ジュール
広島型原子爆弾	22,000発
世界のエネルギー消費量(2006年)	5.7%
日本のエネルギー消費量(2006年)	1年3カ月分

換算で五・四五億トン)である。二〇〇六年のわが国のエネルギー消費量が世界の四・五パーセントであるから、地震が起こった瞬間にわが国の一年三カ月分のエネルギーが消費されたことになる。

一方、地震の断層モデル(地震を起こした岩盤の壊れ方やその大きさを表す)の計算から、地震のエネルギーの五パーセントが津波に変換されたと考えられる。それでも原子爆弾の一一〇〇発分に相当する。現地海岸に残っていた津波の痕跡高さが二七メートルに達していたのも決しておかしくなく、わが国に大津波警報の対象となるような三メートルを超える津波が来ても不思議ではないのである。しかし、太平洋のどの経路を通るのか、そして湾の大きさや海底地形で複雑に変化するから、すべてをコンピュータで高精度に再現できないのだ。

つぎに、津波による流速が毎秒五〇センチメートルになると、どのようなことが起こるかそれが想像できないことも津波が侮られる原因の一つだろう。大したことはないと考えてしまうのである。流速が毎秒五〇センチを超えると、どのようなタイプの養殖いかだであっても、係留索が切断される恐れがあることがわかっている。上の図は、将来、南海地震（M八・四）が起こったときに瀬戸内海に進入してくる津波によって養殖いかだが被災する海域の分布図である。南海地震津波は、地震後約三・五時間で瀬戸内海全域に伝播することがわかっている。係留索を切って安全な海域まで曳航できるかどうかが被害を左右することになろう。

なお、次ページ以降には本書に出てくる地名や津波災害名などを日本地図および世界地図上にまとめて紹介した。

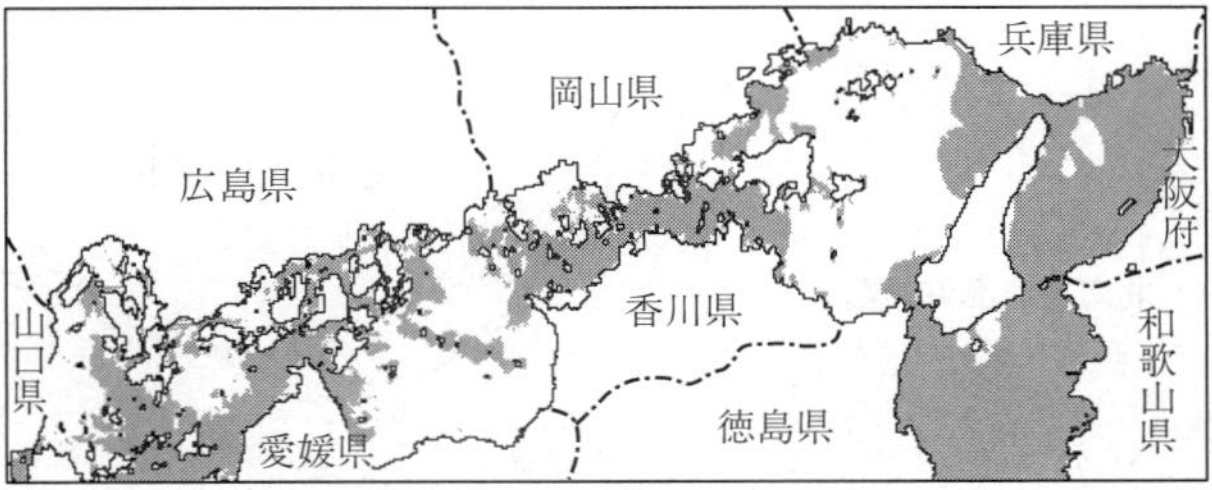

将来，南海地震(M8.4)の津波が瀬戸内海に来襲した場合の，養殖いかだの被災海域(流速が 0.5 m/s 以上)

二〇一〇年のチリ沖地震津波の例では、地震発生からほぼ丸一日、津波対策を実施する余裕があった。養殖いかだを中心とした水産被害総額が約六四億円に達したが、その六七パーセントを占めた宮城県と二八パーセントの岩手県の両県で九五パーセントとなっており、関係者の被害軽減努力が求められる。これらの被害は五〇年前のチリ津波時と同じパターンであり、経験が役に立っていないことになる。

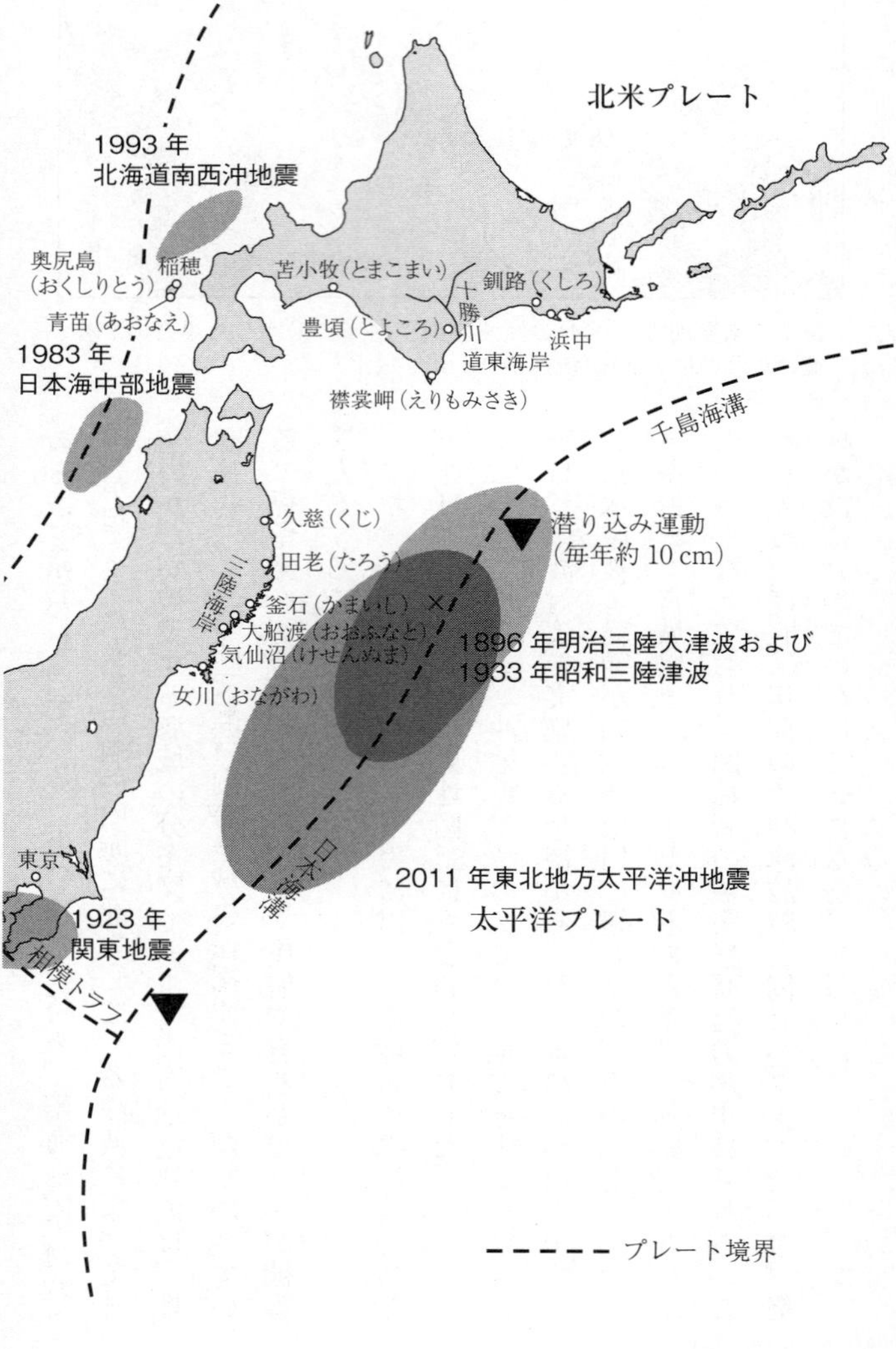
北米プレート
1993 年
北海道南西沖地震
奥尻島
(おくしりとう)
稲穂
青苗(あおなえ)
1983 年
日本海中部地震
苫小牧(とまこまい)
豊頃(とよころ)
十勝川
釧路(くしろ)
浜中
道東海岸
襟裳岬(えりもみさき)
千島海溝
久慈(くじ)
田老(たろう)
三陸海岸
釜石(かまいし)
大船渡(おおふなと)
気仙沼(けせんぬま)
女川(おながわ)
潜り込み運動
(毎年約 10 cm)
1896 年明治三陸大津波および
1933 年昭和三陸津波
日本海溝
東京
1923 年
関東地震
相模トラフ
2011 年東北地方太平洋沖地震
太平洋プレート
プレート境界

津波災害に関連して本書に出てくる地名など

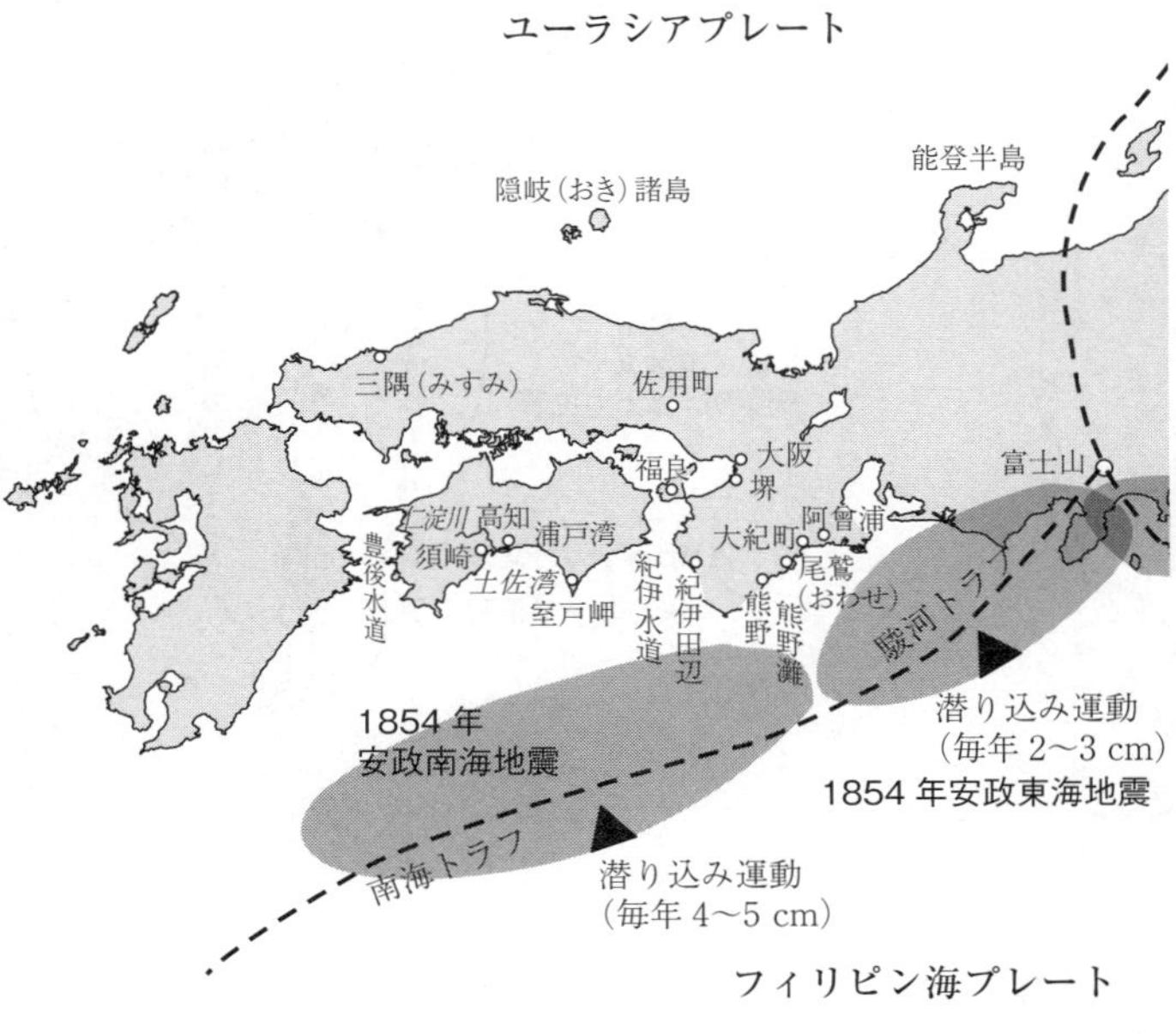

カムチャツカ半島
アリューシャン列島
北米プレート
バンクーバー
シアトル
1700年
カスケーディア地震
ファンデフカプレート
ニューオーリンズ
ヒロ
ハワイ
カリブプレート
太平洋プレート
ココスプレート
ナスカプレート
南アメリカプレート
海域A
(津波の計算出力位置)
2010年チリ沖地震の震源
1960年チリ地震の震源
主要なプレート境界

津波災害に関連して本書に出てくる地名など

第 *1* 章
津波は恐ろしい

2004年インド洋大津波に襲われたスリランカ・ヒッカドアの列車転覆現場．線路は海岸から約200 mの位置を，海岸線と平行に走行．海岸から現場までは，ほぼ平坦な地形．付近は住宅街で，ヤシの木が点在している．津波の第一波は押し波で高さ2 mであった．駅で停車していた10両連結の列車に付近の住民も避難してきた．第二波は高さ10 mに達し，線路は枕木ごとめくれあがり，機関車をはじめ列車がばらばらに引きちぎられ，転覆・横転し，約1,500人が死亡した．

1　津波をめぐる誤解

津波は「高い波」である?

たとえば、仮に和歌山県紀伊半島沖で南海地震が起こって、津波が紀伊水道から大阪湾へ向かって進行していると仮定してみよう。この津波はヘリコプターや航空機から見えるだろうか。答えはノーである。この津波は発生して伝播する過程では、高さはたかだか一メートル、その水面の高まりは進行方向に一〇キロメートル以上も続く。津波がやってくると目が届く限りの海面が瞬間的に盛り上がる。沿岸の浅い海域に近付いて高さが三から四メートルに高くなっても、見渡す限りの海面全体が盛り上がるから、「津波が来た」とは気づかないだろう。実際は、音もなく海面がスーッと上がるのである。このように、わが国にやってくる津波の大半は、海岸にやってくるまでその存在を目で確かめることは不可能であると言っても過言ではない。漢字で津波と書くので、海の波と同じく見えそうな気がするが、実は特殊な条件の場合しか津波は見えない。

図1-1　2010年チリ沖地震津波で三重県阿曾浦と贅湾の水道に設置していた養殖いかだが被災した．丸の部分のいかだに被害が発生．この下のアンカーが流されたとの証言

漢字の「津」は港の意味である。港のように防波堤で囲まれたところに津波が入ってくると港の中が津波の運んできた海水でいっぱいになり、岸壁をあふれて市街地に入ってきたり、防波堤が水没する。そのとき、津波は見えるのである。

だから、「高い波」という表現より、「速い流れ」と考えた方が正しい。沖から津波がやってくるということは、「見渡す限りの海面が盛り上がり、速い流れで岸に向かってくる」という表現の方が妥当である。

図1-1は、二〇一〇年二月二八日に三重県南伊勢町阿曾浦にやってきたチリ沖地震津波で破損した養殖いかだである。阿曾浦(内湾)と贅(にえ)湾(外海)を結ぶ狭窄部を津波が来襲し、最高だった約九〇センチメートルの第三波の引き波の強い流れで係留索が切断され、五トンのアンカーごと三〇メートル沖に引きずられ、転倒していたそうだ。津波が来襲して海面が高くなって切れたのではなく、速い流れで切れたので

ある。

「高い波」と考えると、つぎのような誤解が生じる。「高さ四メートルの津波がやってきても、護岸や堤防の高さが五メートルあるから、水門さえ閉めれば市街地はん濫は起こらない」というものである。しかし、高さ四メートルの津波とは、「四メートルの水面の高さをもつ速い流れ」であるから、護岸や防波堤に衝突すると、前進できなくなって盛り上がるのである。正確に言えば、津波が護岸や堤防にぶつかった瞬間、津波の運動エネルギーがゼロになり(前進できなくなって水の運動が停止する)、これが瞬時に位置エネルギーに変換され、海面が盛り上がるのである。理論的には衝突前の一・五倍くらいに高くなる。つまり六メートル近くなるのである。ただし、実際には、津波が浅海に進入すると、海底摩擦などの影響を受けて運動エネルギーは減衰するので、これほど大きくならない。

このような理由から、海に面して高い護岸や堤防があるからといって、大津波警報が出ても、避難しなくてもよいと考えるのは早計である。しかも、津波が衝突して高さが高くなるだけではない。進行中の高速で大量の海水の前進が突然ストップさせられるので、衝撃的な圧力が働く。そのために、防波堤や護岸が破損することが起こる。一般に、海岸の護岸や堤防の設計では、外力として高速の津波を考慮していない。だから、津波が来て壊れた海岸構造物や施設の

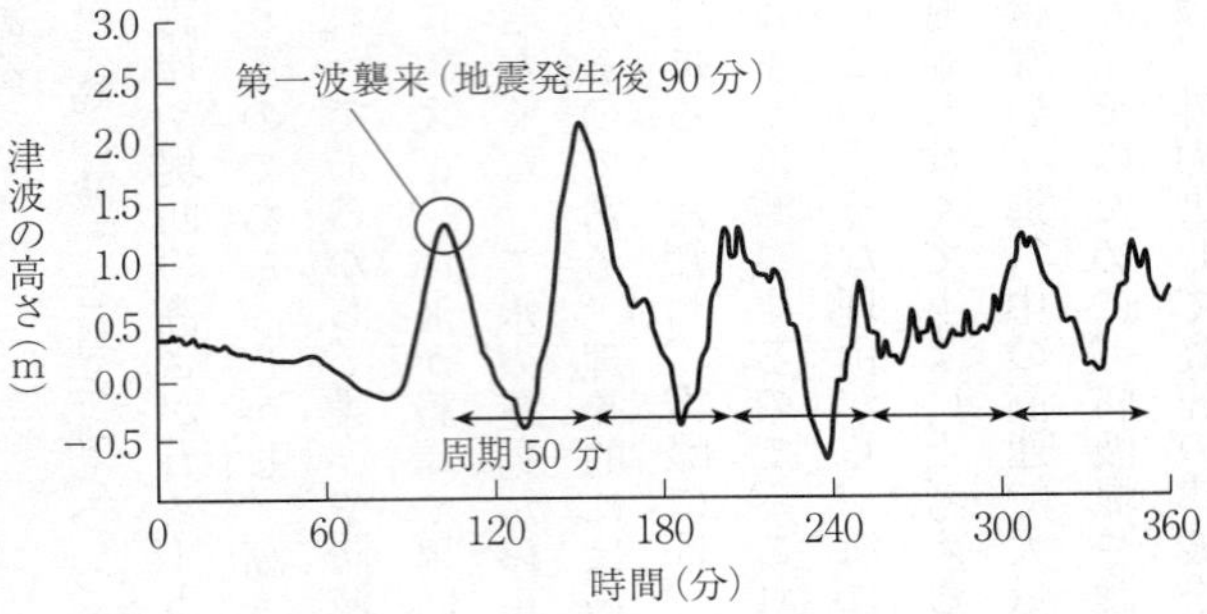

図 1-2　神戸における南海地震（M8.4）の津波波形

事例が報告されている。

津波は一度来たら終わる？

海底で地震が起こり、海底が盛り上がったとしよう。そうすると、直上の海面も盛り上がるはずである。そして盛り上がった海面は、つぎの瞬間、今度は下がるのである。つまり、地震によって震源付近の海面は、平均海面を中心に海面が上下振動することになる。これが周辺の海域に伝わることになる。これは、池の水面に石を投げて波紋が伝わる様子とよく似ている。

図1-2は、将来、M八・四の南海地震が来襲したときの神戸における津波の計算波形である。このように、比較的大きな津波は六波続き、六時間は要注意である。だから六時間は大津波警報や津波警報は解除されないはずである。しかも、わが国の太平洋沿岸部では、およそ六時間ごとに

満潮と干潮が交互にくり返すから、満潮のときに津波がやってくれば、海面はさらに高くなる。二〇〇三年十勝沖地震に際し、気象台は地震四時間後に道東地方の津波警報を解除したが、釧路港では六時間後に最高潮位が観測され、被害が発生した。

さらに、気をつけなければいけないことは、津波が沿岸に来襲すると、ほぼそのまま反射して今度は沖に向かうということである。だから、南海地震で発生した津波が紀伊水道を北上するとき、東西の和歌山県と徳島県では津波のキャッチボールが行われる（これを多重反射という）。このため、たとえば田辺市には、およそ二〇分ごとに津波が来襲するようになる。同じことは豊後水道をはさんで愛媛県と大分県でも起こる。

津波が最初に起こった海域を波源域というが、ここの海面は約五〇分周期で上下するので、津波は五〇分ごとにやってくる。しかし、時間が経過すればこの津波に両県で反射した津波が新たに重なるので、その半分程度のくり返し周期の津波がやってくるのである。瀬戸内海に津波が入れば、複雑な海岸線と多くの島があるので、津波は反射をくり返し、それらが時空間に重なるから大変複雑になる。

一九八三年に発生した日本海中部地震では、日本海沿岸で多重反射し、その結果、一日以上津波が減衰せず沿岸各地に来襲した。しかも、どの程度の割合で反射するかが事前に正確にわからないので、時間が経過するほど、津波の高さの予測値の精度が落ちることになる。どれくらいの高さの津波がいつまで継続して来襲するかを予測することは、現在の技術をもってしても至難の業なのである。

また、土佐湾や道東海岸のような凹状の長大な湾に津波が来襲すると、津波が捕捉されてエッジ波(第2章で説明)が起こる。津波のエネルギーが沿岸部から放出されないのである。この波は、海岸に沿って進行するので、沿岸では海面の上下動が長時間継続することになる。前述した釧路港の観測された最大波高は、これも原因したことがわかっている。

津波は引き波からやってくる?

地球の表面はプレートと呼ばれる十数枚の厚さ約一〇〇キロメートルの岩盤で覆われている。そして、海のプレートは陸のプレートより少し重いことがわかっているので、ぶつかると前者が後者の下に潜り込む。両プレートの境界面が固着していればよいのだが、潜り込む量がある一定値を超えると、両プレートは剥離する。すなわち、地震が起こるのである。このとき、陸のプレートが海のプレート上をせり上がる。図1-3はそれを模式的に表したものである。この図によれば西側では海面が盛り上がり、東側では下がることになる。インド洋大津波におい

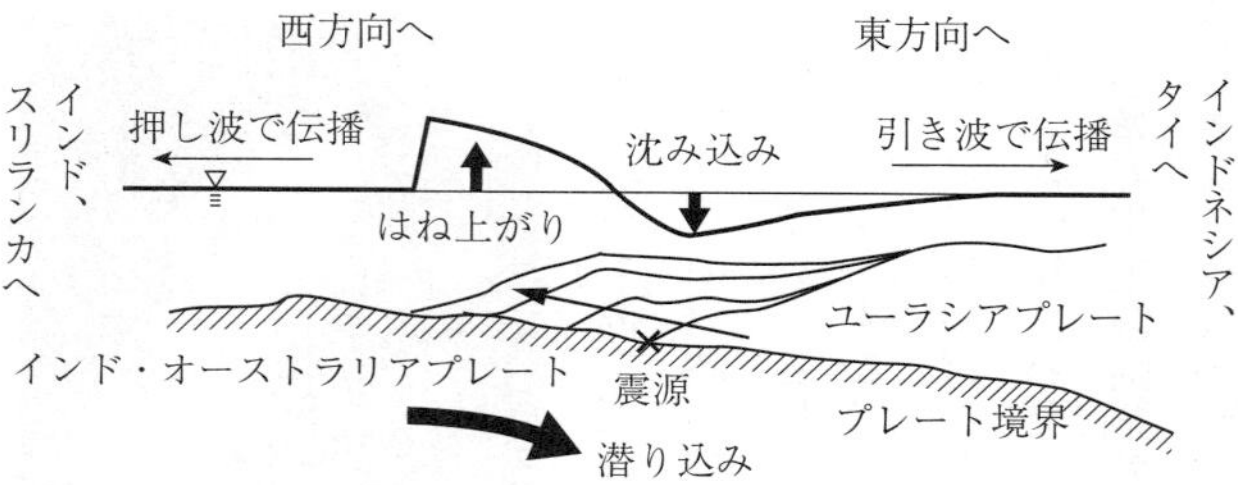

図1-3　2004年スマトラ沖地震(Mw9.3)が起こしたインド洋大津波の発生メカニズムの模式図(海面の東西方向の上下動はシーソーを連想するとよい)

て、スリランカ沿岸には押し波で、タイ沿岸には引き波で第一波が来襲したのは、この図で説明できる。

この図は基本原理を表しているから、すべてがこのようになるとは限らない。海のプレートがいつも陸のプレートの下に潜り込んでいるとは限らない。両プレートの境界の形成が比較的新しい場合、この〝ルール〟が確立していない。一九九三年北海道南西沖地震がそうであった。ユーラシアプレートと北米プレートの衝突面で、非常に複雑な破壊が起こったために、北海道沿岸にやってきた津波の第一波には押し波と引き波が混在する地域分布があった。このように、プレート境界面の破壊過程によって津波の第一波の特徴が決まるのである。

一九三七年から四七年にかけて小学校の国語の教科書に使われた『稲むらの火』の記述の問題点はそこにある。文章自体が非常に津波をリアルに表現した素晴らしいものであったために、そこに書かれていることがすべて真実であるかのような錯覚を生みだしてしまった。津波が来襲する様子を引き波で始まるように表現したため、読者は「いつも津波は引き波で始まる」ものと誤解してしまった。この教科書で勉強した人びとは、このように誤解したため、津波警報が出ると海に津波を見に行くという行為が、現在も後を絶たない。また、それが伝承され、若い人までもそれを信じてしまっている。二〇〇三年の三陸南地震の後に実施された気仙沼市の市民の調査では、津波の第一波が引き波で始まっていると信じている市民は何と九五パーセントを超えていることがわかった。

図1-4　教材『百年後のふるさとを守る』が採用された小学校5年生の国語の教科書

教科書の教材に、フィクションの部分とノンフィクションの部分を混在させた物語を用いたことに最大の原因がある。しかし、国語の教科書の教材で、防災をテーマとした本格的なものは過去六四年にわたって皆無であった。そこで、図1-4に示した二〇一一年度から使用された小学五年生の国語の検定教科書で、『百年後のふるさとを守る』と題した筆者の教材が採用されることになった。『稲むらの火』の続編として、主人公の濱口儀兵衛の「つぎの南海地震

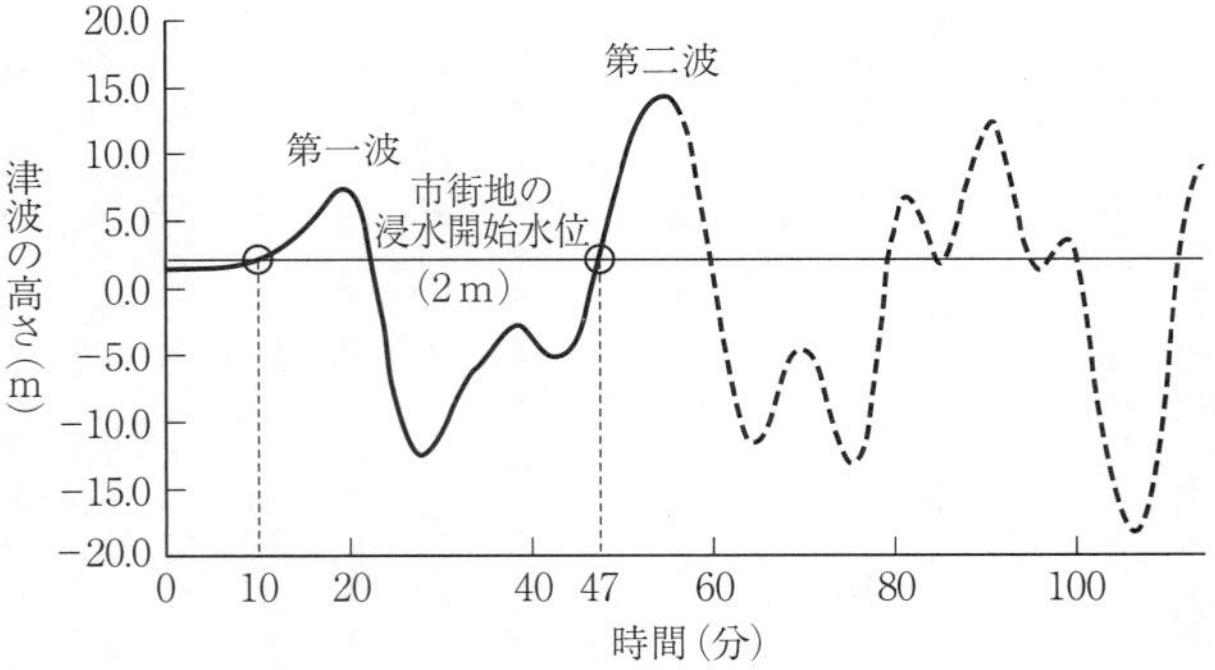

図1-5　想定している東南海地震がM8.4の場合の尾鷲市に来襲する津波の時間波形(第二波が一番大きい)

津波に備えて、世界で最初の津波防波堤を私財をなげうって建設した」伝記である。自助と共助による被災地の復興事業の大切さとともに、正確な津波の挙動を改めて子どもたちに知ってもらいたいという願いが込められている。

津波は第一波が一番大きい?

図1-5は、将来、東南海地震(M八・四)の場合の三重県尾鷲市に来襲する津波の波形である。これから、第一波は押し波から始まっていることがわかる。そして、第一波の津波の高さが約七メートルに対し、第二波は約一五メートルというように、二倍以上大きい。そして第三波と続く。実際に、尾鷲では一九四四年東南海地震では、津波で死亡した五六人の住民は、ほとんどが第二波によって亡くなったことがわかっている。

第二波が大きくなる理由は、第一波の引き波に原因がある。図からわかるように、地震後二〇分すると引き波が始まり、尾鷲湾の海水は外洋に向かうようになる。そして、水深が一三メートルまでの海水はすべて湾外に出て、広範囲にわたり海底が陸上から目視できるようになる。一キロメートル以上も海岸線が後退するわけである。そして、つぎの瞬間、再び尾鷲湾に海水が〝戻って〟くる。これに津波の第二波の押し波が加わるわけである。

この状態は、下り坂を自由に下降中の貨車を、機関車がさらに押して加速しているようなものである。そうすると、今度は登り坂になっても加速された分だけ高いところまで達するというわけである。実際には湾の形状や大きさ、狭窄部や湾口付近の島の存在によって複雑に変化するが、要は第一波の引き波のスケールが大きいことが第二波を大きくしているわけである。二〇〇四年のインド洋大津波の第一波は、インドネシアやタイの沿岸では引き波で始まったことがわかっており、その映像も残っている。海岸が直接、外洋に面しているような地形では、尾鷲湾のような変化は現れず、第一波が大きいと言える。もちろん、海底勾配がゆるいと第一波が沖に戻っていく途中に第二波が押し寄せ、両者が衝突して結果的に第二波が小さくなるということも起こるのである。

このように第何波の津波が大きくなるかは、いろいろな要素に左右されるので、一般的なことは言えないのである。前述した和歌山県田辺市では、コンピュータシミュレーションの結果から、第十一波が最大の高さとなることがわかっている。対岸の徳島県沿岸との多重反射が原因である。地震発生後およそ三時間四〇分前後に、最大の津波が押し寄せるわけである。せっかく安全な避難所に避難していても、勝手に「もう帰宅しても大丈夫だろう」と判断することは危険である。前回、一九四六年の昭和南海地震時には、このようなことは明らかではなかった。

なお、遠地津波では、第一波の到達時間と最大波の到達時間の差は、波源の位置に左右される。たとえば、一九六〇年チリ津波では宮城県女川町ではこの時間差が約三時間あった。この原因については第2章で詳述したい。

大きな津波がやってこないことが歴史的にわかっている?

一九九四年北海道東方沖地震が起こり、道東地方に津波警報が発令された。そのとき、K市では避難勧告を発令しなかった。被害調査の途中、同市に立ち寄り、当時の幹部への「なぜ避難勧告を出さなかったのか」との問いに対する答えが、表題である。彼が間違っているのは、〝経験的に判断している〟ということである。K市はたかだか一〇〇年程度の歴史しかもって

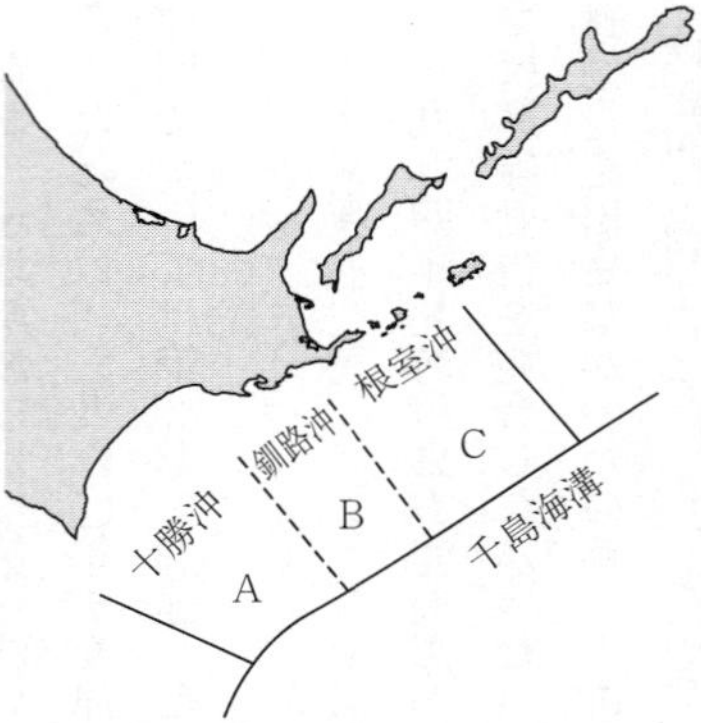

A：十勝沖地震（1843, 1952, 2003年）
B：釧路沖地震（1993年）
C：根室沖地震（1894, 1973年）
ABC：17世紀初頭，500年間隔地震
下線：一部，釧路沖地震の領域にまたがっている

図1–6　千島海溝沿いに発生するプレート境界地震（M7以上）

いない。だから、数百年に一度起こるような巨大地震による津波は経験していないのである。人が住んでいなければ災害にはならず、歴史に残らないことを知らなければならない。

しかも、実際にK市では被害が発生しているのである。満潮時に臨海地帯では津波が道路上一五〜二〇センチメートル浸水し、はん濫水が地下のスナックに入り、突然の停電と相まって客があわてて逃げようとして大けがをしている。

このように、床下浸水程度にとどまる場合でも、避難勧告を出さなかったばかりに思わぬところで被害が発生するのである。

最近の調査によれば、図1–6のように、千島海溝の根室沖と十勝沖においてプレート間（境界）地震の連動（M八・五）による巨大な津波の発生過程が明らかになってきた。巨大な津波は過去七〇〇〇年間に平均五〇〇年間隔でくり返し発生してきたのである。前回起こったのは一七世紀であるが、五〇〇年はあくまでも平均値であることに注意しなければならない。この津波の高さは五～六メートルと計算され、内陸部へ三キロメートル以上にわたって浸入したことがわかっており、これが来襲すればK市は、ほぼ全市水没する。一九八三年日本海中部地震が起こったときも、「日本海では津波は発生しない」という間違った説があった。

このように巨大な津波の発生は超低頻度ゆえに、同じようなことが世界各地で起こっている。たとえば、アメリカ合衆国・シアトルとカナダ・バンクーバーを結ぶ沿岸域には、五〇〇年周期でカスケーディア地震による大津波が七回も襲ったことが最近、判明した。これは沿岸部のボーリング調査による津波堆積物を含む砂層の解析からわかった事実である。しかも、前回は一七〇〇年一月二六日に地震が起こったことが、わが国に残っていた古文書や津波の伝播の数値解析から明らかになっている。当時はアメリカ合衆国もカナダも先住民が住んでいるだけで、国家の形態をとっていなかった。すでに、これらの沿岸部は危険期に入っているのであり、両国政府は大慌てで対策を講じている最中である。

高い海岸護岸や堤防があるから大津波警報が出ても避難しなくてよい?

わが国の沿岸部に建設された海岸護岸や堤防の高さは、一般にその海岸に三〇年(とくに重

図 1-7　1993 年北海道南西沖地震後，奥尻島に建設された津波防波堤（高さ約 11 m）

要な場合は五〇年）に一度くらいやってくる大きな波を対象に決定している。大きな波は台風や日本海であれば冬の季節風が吹いているときにやってくる。風が原因で起きるから風波（かざなみ）という。海岸護岸や堤防の被災は、設計波高を上回る三〇年や五〇年に一度やってくる風波で起こる。

そして、一般に海岸護岸や堤防は、そこにやってくる津波を考慮して作られていない。将来一〇メートルの高さの津波が来襲する危険な海岸でも、海岸護岸や堤防の高さは四、五メートルしかないのが現状である。津波を考慮すれば、巨大な構造物になり、その建設費用は莫大になる。津波常襲地帯といえどもそのような建設は不可能である。ただし、図1-7はその例外であって、一九九三年の北海道南西沖地震後に奥尻島の被災地に建設された高さ約一一メートル、総延長約一五キロの津波護岸である（わが国ではこれが最大級である）。大きな犠牲が払われたからできたのであって、事前にはこのような巨大な防災構造物の建設は不可能である。

だから、海岸護岸や堤防が海側に設置されていても、大津波警報が発令されたら、とりあえず避難しなければならない。大津波警報は高さ三メートル以上の津波の来襲が予想される場合に、発令される。だから、もし一〇メートルの高さの津波がやってきたら、どのような海岸護岸や堤防があっても津波は乗り越えて、背後の市街地に津波はん濫が起こる。

では、どれくらいの高さの津波がやってくる可能性があるか、事前にわかっているのだろうか。その答えは半分イエスであり、半分ノーである。前者については、想定された近地津波(地震の震源がわが国から六〇〇キロメートル以内にあり、津波の来襲前に地震の揺れが襲う。南海トラフ巨大地震はその典型例である)に対しては、予想される高さの計算値はある。一方、後者の遠地津波(震源がわが国から六〇〇キロメートル以遠)に対しては、そのようなものはない(筆者らが研究用に作った図面は存在する)。

二〇一〇年二月二七日に起こったチリ沖地震津波について、自治体はハザードマップを用意していない。だから、何メートルの高さの津波がやってくるかということは気象庁の発表資料が頼りである。ところが、極端な場合、どれくらいの高さの遠地津波がやってくるかは、事前には正確に予測できないのである。一九六〇年チリ津波はわが国で一四二人が犠牲になった。

表1-1　東海，東南海，南海地震による予想犠牲者数(人)

	東海地震単独	東南海・南海地震連動	東海・東南海・南海地震連動
津波による犠牲者数	1,400	8,600	9,100
全体の犠牲者数	9,200	17,800	28,300

このとき、全国各地の験潮所で津波の高さが五メートルを超えたところが六カ所あった。このようなところは遠地津波に要注意であって、たとえ海岸護岸があっても避難しなければならない。

インド洋大津波のような被害は日本では起こらない？

二〇〇四年スマトラ沖地震によって発生したインド洋大津波では、最終的に約二二万六〇〇〇人が犠牲になった。インド洋沿岸でこのような大津波がくり返し発生する周期はおよそ二五〇年であって、この事実も今回の津波が起こって明らかになった。被害が発生した大部分の国の住民にとっては不意打ちの未知の災害であった。だから、事前避難はほとんどのところで不可能であった。理由はともあれ、「避難しなかった」ことが巨大被害につながってしまった。

では、わが国では、そのようなことは起こらないのであろうか。答えはノーである。政府の中央防災会議では、過去の事例の津波避難率を参考にして、人的被害を求めている。表1-1は、M八・六の東海・東南海・南海地震が起こった場合の予想犠牲者数である。全体で最大九一〇〇人が津波で犠牲になるとしているが、もし、危険地帯の住民の五パーセントしか避難しないとすれば、一万人を超えてしまう。この計算では、近年の津波避難率の解析から求められた結果を適用している。しかし、これではとどまらない可能性がある。それは一八九六年の明治三陸大津波で死者が二万二〇〇〇人に達した事実があるからである。

これだけ犠牲者数が大きくなったのは、この地震が津波地震(地震の揺れが小さいにもかかわらず、津波が非常に大きくなる地震)だったからである。揺れが長く続いたけれども、揺れそのものは小さかったのである。そして、五メートル以上の津波がやってきた集落では、実に八〇パーセント以上の住民が犠牲になっている。この日は旧端午の節句(旧暦五月五日)であり、また前年の日清戦争の勝利を凱旋兵士とともに祝う、住民も参加する地域のお祝いが重なった。夜七時三二分に起こった地震は、三〇メートルを超える津波を伴い、そこに集っていた人びとはことごとく犠牲になった。

たとえば、将来、南海地震単独発生の場合を取り上げても、高さ五メートルを超える津波が来襲する集落は、ほぼ無数にある。何らかの理由で避難しない、あるいは避難できなければ、確実に犠牲者は一万人を超える。しかも、一六〇五年に発生した慶長南海地震は、古文書のどこにも地震の揺れによる被害が特筆されておらず、被害は津波だけという特徴をもっている。この地震は、明治三陸地震と同じく津波地震だった可能性が高い。残念ながら資料が極端に少ないために、これ以上の解析は不可能である。だから、もしつぎの南海地震が起こったとき、地震の揺れが小さいから津波もたいしたことはないと結論して避難しなければ、八〇パーセント以上の住民が犠牲になることは起こりえるのである。だから、揺れの大きさと津波の大きさを連動させて判断してはいけないことを歴史は教えてくれているのである。

2　津波の恐ろしさを知る

インド洋大津波(二〇〇四年一二月二六日)

この日は日曜日で、朝七時五八分(現地時間)、Mw九・三の巨大地震が起こった(添え字のwは、モーメントマグニチュード(地震を起こした断層運動の強さを示す地震モーメントをマグニチュードに換算したもので、断層運動の規模を表す)を指す。wがない場合は、表面波マグニチュードである)。西から進むインド・オーストラリアプレートがユーラシアプレートの下に潜り込むことによるプレート境界地震である。破壊した境界長さは約一三〇〇キロメートル、破壊継続時間は約九分であった。ずれの量は境界に沿って南北方向に存在する三つの領域で異なるが、およそ二〜二〇メートル程度であったと指摘されている。最大の震度はインドネシア・アチェで震度六弱と推定され、揺れが六、七分継続した。

この地震が起こったとき、阪神・淡路大震災記念 人と防災未来センターでは、数時間後にインドネシア・アチェに三〇メートルを超える津波が来襲する可能性があることを数値シミュレーションで予測していた。翌二七日は朝から大阪府の防災委員会があり、筆者は座長を務めながら、現地調査の段取りを早急にまとめた。二八日が御用納めであるから、この日一日で現地調査計画を文部科学省と交渉して具体化しなければならない。このような海外突発災害調査は、津波に関しては一九九二年のインドネシア・フローレス島地震津波災害からわが国が主導権をもって国際調査として推進してきた経緯があったので、短い時間ではあったが調査の骨格は関係者間で了解された。

正月から六隊に分けて調査を進めることになり、筆者はスリランカに行くことになった。最大の被災地であるインドネシア・アチェは反政府活動の拠点であり、危険であるということから当面は見送らざるをえない状態であった。この津波の怖さは、高さ一〇メートルを超える津波がインド洋沿岸各地を不意打ちに襲ったことに起因する。その様子は、多くはビデオ撮影さ

表1-2　インド洋大津波による国別犠牲者数（人）

国・地域	死　者	行方不明者
インドネシア	131,029	37,063
スリランカ	31,229	5,637
インド	12,407	（死者数に含む）
タイ	5,395	3,071
モルディブ	83	0
マレーシア	68	0
ミャンマー	80	0
バングラデシュ	2	0
ソマリア	300	0
タンザニア	10	0
セーシェル	1	0
ケニア	1	0
合　計	180,605	45,771

れており、わが国の正月の茶の間にインパクトのある映像がテレビを通して配信されてきた。表1―2は、被災国の人的被害の一覧であり、およそ二二万六〇〇〇人が犠牲になった。

スリランカ・ヒッカドアでは、スリランカの南端の岬を回折（津波が障害物の背後に回り込むこと。第2章で解説）してきた高さ一〇メートルの津波が市街地を襲った。ココナツ林の中に建てられていたレンガ造の家は木っ端みじんに破壊され、その破片が脱線転覆した車両を含め、広く散乱していた。地震で家が全壊すれば、そこにガレキの山ができるので、家が存在していたことがわかる。しかし、津波で家が全壊すると、ガレキは散乱し、どこに家があったかわからなくなる。図1―8はその光景であり、ここで住民が約五〇〇〇人死亡した。

タイ・プーケットに来襲したときの津波高さは六メートルで、流速は毎秒四メートルもあり、一〇〇キロメートル北部のカオラックではこれらはそれぞれ一〇メートル、毎秒八メートルであった。インドネシアのバンダ・アチェでは海岸から四・二キロメートルの内陸部の市街地に津波が来襲したビデオ映像が残っている。それによれば、海岸部で高さ約九メートルの津波は一・三メートルに減衰したが、流速は毎秒三・五メートルに達し、多くの住宅が破壊され、その残骸や家具、自動車などが津波と一緒に流される様子が撮影されていた。津波がとてつもなく大きな破壊力をもっていることを示した映像であった。

図1-8　2004年インド洋大津波が来襲したスリランカのヒッカドアの住宅地の惨状．レンガ造の住宅が破壊され，屋根や壁の破片が散乱している

なお、この津波災害がきっかけとなって、国連が中心となってインド洋にもハワイにあるような津波警報センターを設置することを試みた。しかし、各国の利害が対立し、国あるいは地域単位の津波警報の分散システムのままで終わってしまった。ただし、これが津波常襲地帯全域に普及するには時間がかかる。二〇一〇年一〇月二五日にもこの海域で再びM

七・七の地震で大津波が発生した。インドネシア・ムンタワイ諸島で七〇〇人を超える死者・行方不明者を数えた。いまこの沿岸に住む住民は『立っておれないような揺れを伴う地震が起こったら、津波が来るので早く高台に避難する』という教訓を実行しなければならない。

明治・昭和三陸大津波(一八九六年六月一五日・一九三三年三月三日)

わが国で近代に入って起こった自然災害の中で、一九二三年関東大震災に次いで死者が多かった明治三陸大津波(死者約二万二〇〇〇人)と、その三七年後に起こった昭和三陸津波(死者約三〇〇〇人)は、津波災害の恐ろしさと歴史的にくり返すという厳しい現実を私たちに教えてくれた災害である。

災害の恐ろしさは、被害が大きければ大きいほどその復興が難渋することである。それは、被災者に焦点を当てた研究から導かれる事実であり、一九九五年阪神・淡路大震災で初めてこのような認識が一般的になった。それまでは、行政の立場から災害を見る、言い換えれば人的・物的被害がどれくらいあって、それをいかに復旧させるかということに焦点が置かれていた。したがって、ここでは被災者の立場から両津波災害を俯瞰してみよう。

たとえば、一八九六年での岩手県の住民数は六九万四八六七人、死者は一万八一五七人であるから、平均死亡率は〇・〇二六、すなわち住民の約四〇人に一人が亡くなっている。これは平均であるから集落全員が死亡した例もある(市町村単位の最大死亡率は、高さ一五メートルの津波が来襲した田老村の〇・八三で、一八六七人が死亡した)。そのような集落に日本各地から親戚縁者が土地を相続するような工夫で復興した場合、新しい住民に津波の教訓はまったく伝わらない。実際、三七年後の昭和三陸津波で再び全員死亡した集落が存在した。

被災社会で大きな問題となったのは、つぎの三つの事項である。もし同じような津波災害が起こった場合、果たして被災地の復興が可能かどうかを検討した。

(1)家系の断絶　一家全員が死亡した場合や夫婦のどちらかが死亡した場合には、親戚が集まって家系の再興が図られた。一家全員が亡くなった場合には親戚縁者が家系を継続し、かつ義援金をもらって家を再興した。夫婦のいずれかが亡くなった場合には、生き残った者同士の再婚によって家系の継続が進められた。このような家系の復興は現在では不可能であろう。少子化のために養子などに出せる子どもがいないことが原因である。

(2)高台移転　実に四三カ所で高台移転が行われたが、半農半漁の生活に不便なことや飲み水が容易に得られないことなどが原因で、一〇年経過すると大半がもとの集落に戻ってしまった。そこが、昭和三陸地震に襲われ、再び大きな犠牲を払うことになった。

図1-9　岩手県田老に作られた津波防波堤（丸印の部分）．2011年の津波来襲前．右手の海側にも市街地が広がっていた

図1-9は、二〇一一年の津波来襲前の岩手県田老の海抜一〇メートル（高さ七・七メートル）、総延長二・四キロメートルの津波防波堤である。この防波堤は当初、住民の自助努力で建設が進められた。しかし、完成後、高台移転者が旧市街地に戻ると同時に、この防波堤の海側にも二〇一一年東日本大震災前は、市街地が展開していた。しかし、来襲した津波はこの堤防を越流・破壊し、ここだけで宮古市によれば死者・行方不明者は一八一人を数える。そのため、住居は高台移転し、旧市街地には野球場などが建設されている。表1-3に両三陸津波災害の死亡率を示した。現在のように自動車があれば、高台での生活も不便はないが、高齢化が進んでいるので、自動車をい

表 1-3　明治および昭和三陸大津波による
死者数(人)と死亡率(%)

1896 年明治三陸大津波

	岩手県	宮城県	青森県	北海道	合　計
死　者　数	18,157	3,387	343	6	21,893
沿岸市町村住民数	76,105	29,995	—	—	—
死　亡　率	23.9	11.3	—	—	—

1933 年昭和三陸津波

	岩手県	宮城県	青森県	北海道	合　計
死者，行方不明者数	2,667	307	30	13	3,017
沿岸市町村住民数	130,846	35,964	—	—	—
死　亡　率	2.0	0.85	—	—	—

つまでも使えるかどうか疑問であり、やはり高台移転は無理である。

(3)漁業の復活　たとえば、岩手県沿岸では津波によって全漁船約七五〇〇隻のうち約五〇〇〇隻が失われたと言われている。その復旧の困難さと、肝心の漁師の数が不足することによって、漁業の再興に時間がかかった。一八九七年末現在で生存していた壮年漁師は五七三四人で、実際に漁業に従事している者は五七四人、一割であったという。現在であれば、遠洋、近海漁業のみならず養殖漁業も壊滅する。それは二〇一一年東日本大震災の津波で証明済みである。

昭和三陸津波による死者が明治のそれの七分の一で済んだのは、津波地震でなく、地震の揺れが大きくてすぐに避難したことが大きい。もちろん、明治

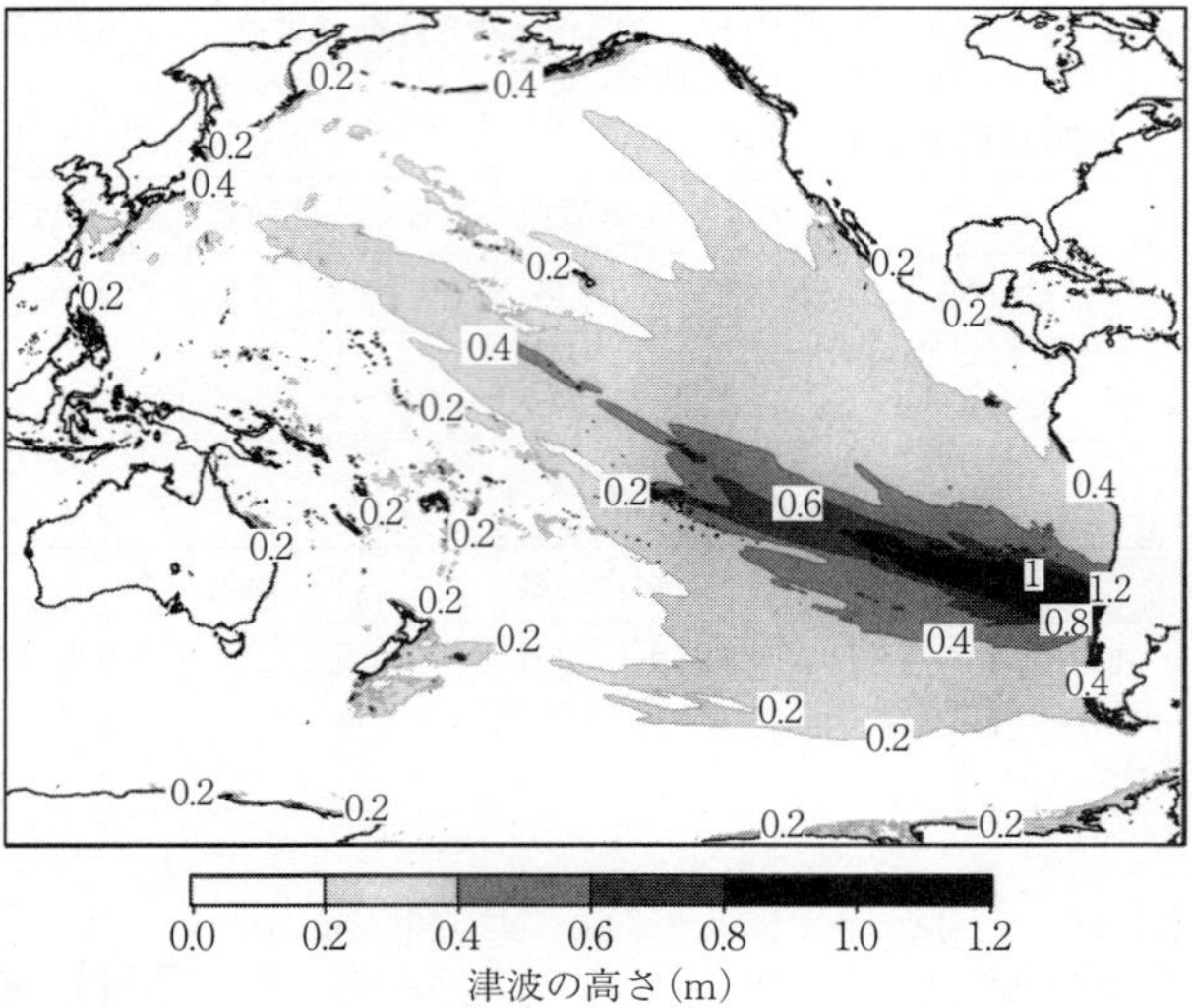

図 1-10　2010 年チリ沖地震津波の高さ分布（日本近海とアリューシャン列島沖に津波が集中している様子がわかる）

三陸大津波の教訓も生きていたことも挙げられる。

チリ津波（一九六〇年五月二二日）

わが国には日本時間の翌五月二三日午前四時過ぎに来襲した。約一万七〇〇〇キロメートル離れたチリ沖から、約二二時間三〇分を要して来襲した遠地津波である。参考のために太平洋上の二〇一〇年チリ沖地震津波の高さの分布を図1-10に示した。津波の高さが高い部分が、日本列島とアリューシャン列島方面に集中していることがわかる。当時、わが国には、遠地津波に対する警報システムはなく、そのため津波来襲後二時間も遅れて、気象庁は津波警報を発令した。この地震は、地震観測史上世界最大のMw九・五であり、この記録はいまだに破られていない。津波は太平洋全域に伝播し、およそ三日間にわたって太平洋沿岸各地で反射をくり返して来襲した。わが国では高さ六・一メートルの津波の最高波が観測され、一四二人が死亡した。この津波によって、それまでよくわからなかった、つぎの二つのことが明らかになった。

（1）入り江や湾の大きさによって決まる固有周期があり、これに近い周期（高い津波がくり返しやってくる時間）の津波が来襲すると増幅する。チリ津波の場合、湾口部の津波高さが湾奥部で三倍になった例がある。岩手県・大船渡で大きな被害が発生したのはこれによる。被害が大きかった北海道・浜中町霧多布湾に来襲した津波は、周期がおよそ五〇分から一時間三〇分であったことがわかっている。

（2）津波が遠くに伝われば伝わるほど、第一波と最高波の津波が来襲する時間差が大きくなる。チリ津波の場合、ハワイではこの時間差は約一時間あり、最大の津波高さが一〇・五メートルもあったために、六一人が死亡した。これは台風が遥か南方にあるときに、わが国に真っ先に土用波が押し寄せる原理と同じで、周期の長い波の進行速度が大きいことが原因である。

この災害後、ユネスコが中心になって太平洋津波警報組織国際調整グループが設立された。

二六の国と地域が加盟して運営費を負担し、ハワイにあるアメリカ合衆国海洋大気庁の太平洋津波警報センターに業務委託している。委託内容は、太平洋沿岸で地震が発生した場合、津波情報の収集と津波の規模、到達推定時刻などの津波情報の発令である。したがって、気象庁は遠地津波に対する独自の数値予報体制はとっておらず、これも一因となって二〇一〇年チリ沖地震津波に際して過大な予報結果をもたらした。

一九六〇年チリ津波による犠牲者数がインド洋大津波の一〇〇分の一程度と少なかった理由は、二〇メートル以上の津波を記録したチリをはじめ、大津波が襲った太平洋沿岸各地の海岸低地に大規模な密集市街地がなかったからである。

北海道南西沖地震津波(一九九三年七月一二日)

夜一〇時一七分に発生した地震津波であったにもかかわらず、たまたまNHKのテレビクルーが奥尻島に滞在していたため、市街地の火災の発生の映像が茶の間にいきなり飛び込んできた。真っ暗闇で火災の赤い炎だけがブラウン管に映し出される不気味さは今でも覚えている。津波は地震発生後五分で奥尻島に来襲し、青苗と稲穂という南北端で一〇メートルを記録し、死者・行方不明者二五九人に達した。この津波の恐ろしさと教訓は、つぎのように残されている。

（1）一〇年前の日本海中部地震津波のとき、奥尻島・青苗で二人犠牲になったために、住民は津波が来ると考えた。そこで、地震後ただちに自動車で避難しようとした人がいたが、交通渋滞に巻き込まれ、車ごと津波で流され、犠牲になった人が多い。震度計が当時設置されていなかったので、正確な震度は不明であるが、同島はM七・八の地震の震源に近く、震度六強と推察される。立っておれないような地震に襲われたら震源が近くにある証拠である。したがって、すぐに津波が来ると考えて徒歩で避難しなければならない。

（2）地震後、大津波が短時間で奥尻島や対岸の島牧村から松前町までの地域を襲った。このため、家にいた漁師は漁港に駆けつける時間がなくて逆に助かった。もし、実際よりさらに二〇分以上、津波の来襲が遅れていたら、四三二人という二倍近くの犠牲者が出た可能性があることがシミュレーション結果からわかった。この事実は、津波来襲の危険があるときは、むやみに漁港に駆けつけてはいけないことを示している。

（3）被災後、一八五億円に達する義援金は、全壊家屋一戸当たり一〇〇〇万円を超える配分になり、破損した漁船まで義援金の支給対象となった。しかし、二〇年近く経過した現在、奥尻島の被災地は人口減少が続くまちになってしまった。図1-11のような区画整理された美

図 1-11　奥尻島青苗地区の近影(再建された住宅が整然としたまち並みを示している)

しいまちが出現したが、肝心の住民が少なくなっている。観光資源の豊かな土地であり、飛行場もある有利さを生かしたまちづくりをすべきであったが、逆に居住禁止区域を設定するなど、この災害を将来に生かすことができなかった。

とくに(3)の教訓は大切である。なぜなら、たとえば近い将来、南海トラフ巨大地震と津波が発生し、被災することがわかっていても、被災後のまちづくりを考えている自治体は皆無である。被災後、まちづくりを計画しても時間が足らず、結局もとのまちに戻ってしまうことになる。事前に被災後のまちづくりの青写真を作っておくことの大切さを理解するべきであろう。それは、自治体の長の使命であろう。災害と私たちは戦っているのである。被災してから防災集落をつくっても、肝心の住む人が減少したのでは災害に負けたのと同じである。

3　教訓が忘れられたとき

大阪——宝永地震津波（一七〇七年）と安政南海地震津波（一八五四年）

大阪にやってきた津波の中で、大きな被害をもたらし、それが古文書などの資料にもっとも多く残っているのは一八五四年の安政南海地震である。江戸時代には一六〇五年慶長南海地震、一七〇七年宝永地震というように、南海トラフを震源とする地震が発生し、必ず津波を伴っている。

その中で、慶長南海地震については地震による被害がほとんど書かれておらず、もっぱら津波被害だけが記述されている。このことから、この地震は「津波地震」だった可能性がある。したがって、二〇〇四年九月五日の和歌山県南方沖（紀伊半島沖）地震のときの自治体や住民の判断は大きな後悔につながった恐れがある。大阪管区気象台から津波警報が和歌山県に発令されていたにもかかわらず、一二市町のうち一〇の市町は「地震の揺れが小さいから津波も小さいだろう」と判断し、避難勧告を出さなかった。また、住民の多くもそのように考えて避難しなかったことがわかっている。

図1–12　1854年安政南海地震の津波の教訓を記した『大地震両川口津浪記』と題した石碑

さて、大阪市大正区の大正橋のたもとに図1–12のように、一八五五年に建立された『大地震両川口津浪記』と書かれた石碑がある。内容は、この地震津波災害を解析した結果を援用すれば、つぎのようである。

「安政東海地震が起こり、その三二時間後に安政南海地震が発生した。そして、二時間後、大坂に津波が来襲した。この間、大きな余震が引き続いて起こったので、川や堀に浮かべた小船の上に多くの老人や女性、子どもが避難していた。船の上なら地震の揺れを感じなくて済むからである。しかし、津波がやってきたとき、同時に安治川や木津川の河口付近に係留してあった千石船や北前船などの大船も一緒に運ばれてきた。それらの下敷きになったりして、大坂だけで合計一八〇〇隻の船が沈没し、三五〇人が死んだ。今から一四八年前の宝永地震でも船に避難して、そこに津波が来襲して大勢の人が亡くなった。私たちは、この祖先の言い伝えを生かせなかったので悔しい思いをしている。そこで子孫(現在の大阪市民)に伝える。将来も同じような地震が来るので、そのとき決して船に逃げようと思わないように。この石碑の文字がいつも読めるように、毎年この石碑の文字に墨を入れよ」

現実に、この碑を管理している保存運営委員会では、毎年八月の地蔵盆に合わせて石碑を洗い、刻まれた文字に墨を入れるのが年中行事になっている。堺市の大浜公園にある一八五五年建立の『擁護璽』という石碑には、「宝永地震のときに船に乗って逃げようとして、多くの人が死んだという言い伝えを知っていたので、安政南海地震のとき、皆が小高い土地にある神社に避難して助かった」と書かれている。

一般に、津波の碑は、そのときやってきた津波の最高到達地点に置かれている場合が多い。徳島県や高知県に残っている津波碑の大半がそうである。したがって、それらは市中にあるより山際などの人目につかないところにひっそりと建っている場合が多い。先人が私たちに伝えようとしていることをもっと謙虚に活用する知恵が求められている。

ハワイ島ヒロ――アリューシャン地震津波（一九四六年）とチリ津波（一九六〇年）

一九四六年四月一日朝七時前に津波の第一波がハワイ島ヒロを襲った。それから約三〇分後の第三波が最高波であって、高さ約七・八メートルが観測された。この日はちょうどエイプリ

図1‐13　ハワイにある太平洋津波警報センター

ル・フールであったので、登校する子どもたちが「海の底が見える」と叫んでも、大人たちは嘘だと思って信じなかった。この津波でヒロとその周辺で一二一人が死亡し、ハワイ全体では一五九人が亡くなった。

このことがきっかけとなって、オアフ島に図1‐13のような太平洋津波警報センターが設立された。その後、一九五二年カムチャッカ地震時に高さ三・六メートルの津波が来襲し、また一九五七年アリューシャン地震時にも高さ九・六メートルの津波がハワイを襲ったが、このセンターの予報が功を奏して人的被害はゼロであった。そして、一九六〇年チリ津波がハワイに来襲した。

この津波の第一波は、震源から約一万一〇〇〇キロメートル離れたハワイには一五時間後に来襲すると予測された。そこで、五月二二日の夜八時半にヒロの町にサイレンが鳴った。このサイレンは「ただちに避難してください」という意味であったが、住民の大半は誤解した。数カ月前に変更されていたのである。それまでは、住民は、「サイレンは三回鳴る」と理解していた。最初のものは津波警報が発令されたということ、第二回目は避難開始、そして第三回目は津波が来襲する直前を示すものであった。ところが、サイレンの鳴らし方が変更されていたのである。この日の夜には一回しか鳴らなかった。住民は二回目を待っていた。しかし、鳴らなかった。もしこの津波が近地津波(ハワイ諸島から六〇〇キロメートル以内に震源がある場合の地震によって起こる津波)であるとすれば、二回目、三回目のサイレンは津波の到達時間が短くて、津波の来襲前に鳴らすのが不可能だからである。その上、ラジオ放送が間違った情報を流してしまった。それは、深夜にすでに高さ一・二メートルの津波の第一波が到達していたにもかかわらず、ホノルルのラジオ放送は津波の到達が三〇分遅れると放送してしまったことである。太平洋津波警報センターとメディア間に意思の疎通が欠けていたことが後から判明した。ヒロには高さ二・七メートルの第二波が深夜一二時四六分に来襲し、つづいて一時四分に高さ一〇・五メートルの津波が襲い、これでヒロだけで六一人が死亡した。

この津波の教訓は、一九四六年から一九六〇年まで一四年間にわたって津波による犠牲者が出なかったことに起因して、住民に気の緩みが起こっていたことである。いかに情報システムや警報発令の精度が上がろうとも(内容的にはより正確、迅速、詳細になるということである)、結局は早期避難に勝るものはないのである。

第2章
津波災害はくり返す

北米西岸のカスケーディア地震津波の跡地．米国ワシントン州シアトル市近郊の海岸湿地帯．針葉樹林は，1700 年 1 月 26 日の地震による地盤沈下と津波による塩水流入で，立ち枯れした．約 8 m 堆積した地層に，過去 3,500 年間にわたって，地震・津波が起こった痕跡(地震で浅海の海底堆積物が大きな擾乱を受けて攪拌され，それが津波で陸側に運ばれて層状に堆積する)が地下方向 7 カ所で見つかった．

1　津波のメカニズム

太平洋を伝播する津波

二〇一〇年チリ沖地震の地震波の解析から得られる断層モデルでは、およそ長さ五〇〇キロメートル、幅一〇〇キロメートルの領域で海底が傾斜角一九度で約一二メートル滑ったことがわかる。いまこの海域の平均水深を四〇〇〇メートルとおき、震源域の海面が地震時に滑り量だけはね上がったと仮定すれば、地震のエネルギーのおよそ五パーセントが津波のエネルギーに変換されたことになる。これは震源近くでは、津波が二七メートルも遡上したという現地調査結果とも符合する。

では、わが国まで約一万七〇〇〇キロメートルも距離があるのに、なぜほとんど減衰せずに来襲するのか。津波が平均水深四〇〇〇メートルの太平洋を伝播するとき、波長は一〇〇キロメートル以上あるから、長波近似といって、海底から海面までの水平方向の水粒子速度は一様になると考えてよい。実際に線形長波理論を適用して計算すると、序章一〇ページの図に示し

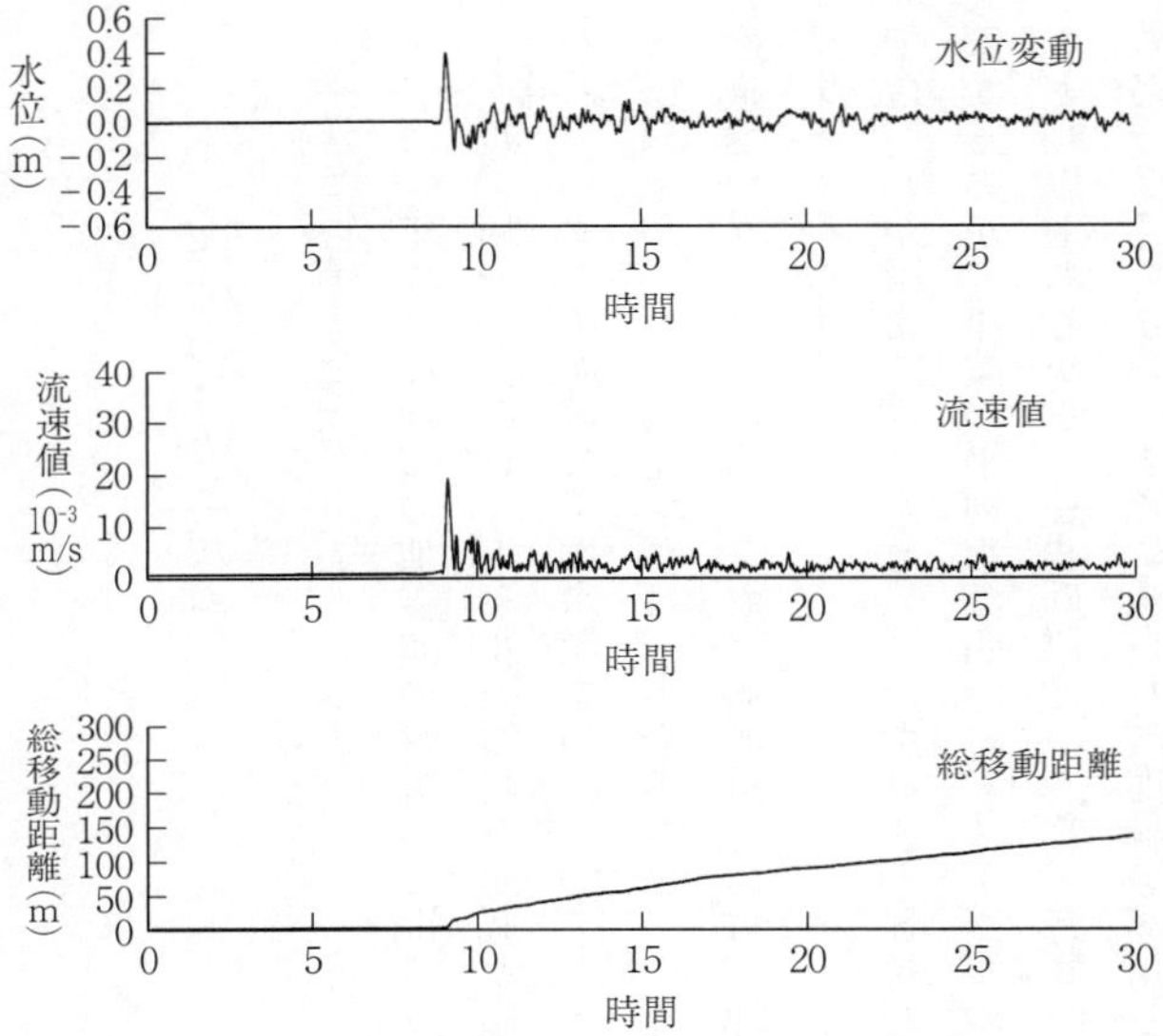

図2-1　太平洋を伝播する2010年チリ沖地震津波の海域A（序章10ページの図に表示）における水位変動（津波の高さ），流速値および総移動距離の時間変化

た海域A（水深が四〇三〇メートル）で、図2-1のように、最高の津波高さは約〇・四メートル、最大流速は毎秒約二センチメートル、三〇時間の総移動距離は約一五〇メートルという計算結果となった。この計算結果から、水深方向の流速が一様で、流速分布に変化がないから（髪の毛を梳《す》く長方形の櫛のような分布）、水の粘性力は働かないと指摘できる。津波エネルギーが主に消費される原因は、海底摩擦である。水は粘性流体であるが、速度勾配がないと粘性力

が発生しないので、津波のエネルギーはほとんど減衰せず、保存されるのである。その結果、海水は、完全流体のように挙動し、津波は遠く離れた地域まで減衰せずに、伝播することができるのである。

津波とよく似ているが、逆に、すぐに減衰する例を紹介しよう。池の水面に石を投げると、円弧状に波紋が広がるが、遠くに行くにつれて急激に波紋が低くなる。これは、円弧が大きくなるにつれて、円弧の単位長さ当たりの波のエネルギーが小さくなることと、つぎのことに起因している。すなわち、石が当たった水面近くの水は動いているが、少し深いところの水は動いていないので、この上下の位置における水平速度の差に比例した粘性力が働き、急激にエネルギーが減衰することである。

津波の破壊力

同じ体積を考えた場合、水は空気の一〇〇〇倍近く重いために、毎秒一、二メートルの流れでも、風に比べて大きな力が働く。津波の破壊力の例として、津波がやってきたときに木造二階建て住宅が安全かどうかを検討してみよう。

河川堤防の決壊による洪水はん濫と、津波による市街地はん濫の特性はほぼ同じであること

図 2-2　高さ 10 m のインド洋大津波が来襲したとき，倒壊しなかったタイ・カオラックの鉄筋コンクリート造のホテル

から、洪水はん濫による住宅被害解析結果は、津波にも適用できる。一九八三年の山陰豪雨災害では、当時の島根県三隅町の三隅川がはん濫し、浮上した二階建て住宅が、商店街をつぎつぎと流されていった。浸水深が深くなり、浮いた家具が一階の天井に当たるようになると、急激に浮力が働き、家全体が浮上し流失されやすくなることがそのときわかった。家に働く力を理論的に求め、これと現地調査結果を突き合わせると、たとえば、浸水深が二メートルになり、そのときの流速がおよそ毎秒四メートルを超えると、住宅は浮上し、流され始めることが見出された。

二〇〇四年インド洋大津波などの過去の事例研究でも、津波はん濫時における市街地の建物周辺の流れに関する現地調査結果が報告されている。そこでは、津波の浸水深がおよそ二メートルの場合、市街地はん濫速度が毎秒四メートル前後になる事例が多く報告されている。このことは、津波による浸水深が二メートルを超えるような場合、仮に二階に避難しても木造家屋では家ごと流される危険があることを示している。なお、木造ではなく木質系のプレハブ住宅の場合にもこの結果は適用できると考えてよい。

現在、自治体の津波ハザードマップは浸水深を基準にして作っているものが大半である。もし、二メートル以上の浸水深が予想される地域に木造住宅が立地している場合には、二階に避難することは危険である。小・中学校のような安全な指定避難所に避難する必要があろう。

一方、鉄筋コンクリート造の建物はどれくらいの津波高さまで大丈夫であろうか。その答えが二〇〇四年インド洋大津波で明らかになった。図2-2は、タイ・カオラックの三階建ての鉄筋コンクリート造のホテルに高さ一〇メートル(そのときの流速は、毎秒八メートル)の津波が来襲した後の写真である。鉄筋コンクリートの柱は十分破壊に耐えていることがわかる。この情報は、わが国の津波避難ビルの選定方針が妥当であることを証明した。なぜなら、避難ビルの選定では、三階建て以上の鉄筋コンクリート造の建物を指定することを原則としているからである。

流れとしての津波

津波は漢字で「波」と書かれているために、海岸に打ち寄せる波と同じであると誤解される。

津波が湾内や港内に入ってきた場合には、波というよりは流れと考えた方が、その挙動を正しく理解できる。たとえば、高さ五メートルの防波堤に高さ八メートルの津波が押し寄せた場合、津波はこの防波堤を乗り越える。そのとき変化が起こる。防波堤に津波が衝突すると、海底から深さ五メートルまでの津波の水粒子が防波堤で止められて前に進めなくなる。その瞬間、海底から五メートルまでの津波の運動エネルギーは位置エネルギーに変換される。このため、防波堤上で海面が三メートルよりもさらに盛り上がって通過することになる。図2−3はこの様子を模式的に表したCG画面である。堤防(水没している)上で水面が盛り上がっている様子がわかる。そして、防波堤を越えた瞬間に水塊が三メートル以上の落差をもって港内側に落下するので、激しく防波堤の脚部を洗うことになる。下手をすると海底の洗掘が発生し、防波堤が横倒しになってしまうことが起こる。

図2−3　CGで示した防波堤(中央部で水没)を乗り越えて右手方向に伝播する東南海地震津波の水面の盛り上がり

一方、海水浴場のような遠浅の海岸に津波がやってくると、津波は流れとしての特徴を遺憾なく発揮するようになる。海面が知らない間にスーッと盛り上がり、見渡すかぎりの海水が岸を目がけて流れてくる。海底から海面までの海水が岸を目がけて盛り上がりながらやってくるのである。

そうなると、たまたまそこにいた魚類をはじめ、岩礁や砂浜・礫浜にいたエビやカニ類、貝類も津波と一緒に市街地に運ばれてくる。一九四四年東南海地震時に七メートルの津波が来襲した三重県尾鷲市では、津波が去った後、壊れた住宅のガレキの中で伊勢エビが跳ねていたとか、ため池で鯛が見つかったというようなエピソードが残っている。流れとしての津波の動的な特徴から、そのようなことが起こっても不思議ではない。

高波や高潮とは違う

わが国では、津波と高波と高潮の違いを知る機会はほとんどない。ところが台風が接近してくると、高波警報や高潮警報がいきなり発令される。津波の場合も、同じようにいきなり警報が発令されるのである。テレビでもこれらの現象の違いをわかりやすく解説する番組はほとんどない。

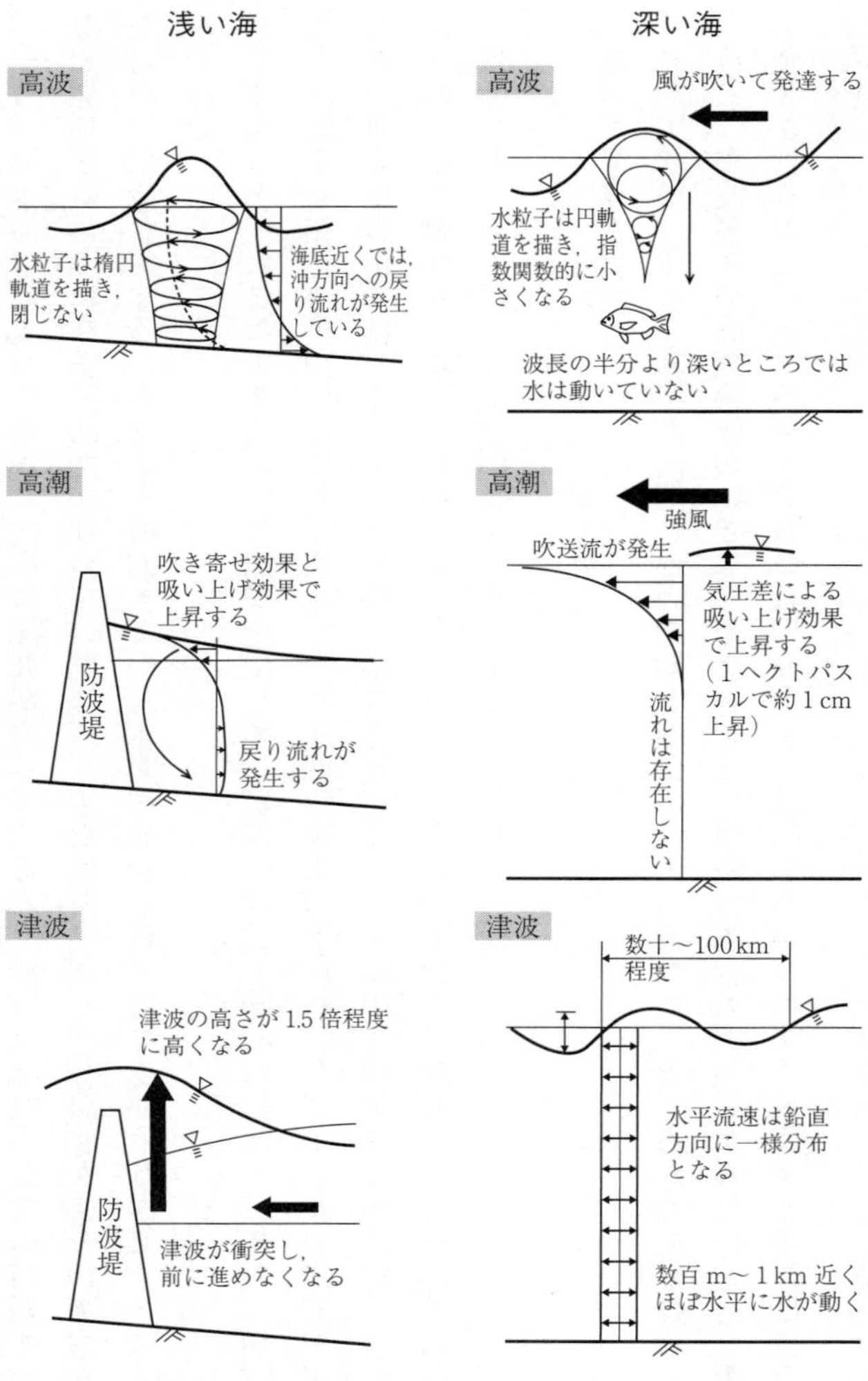

図2-4　津波と高波，高潮との違い．浅い海の場合と深い海の場合

図2-4は、これらの違いを模式的に示したものである。ここで「深い海」とは水深二〇〇メートル程度以上であり、「浅い海」は水深一〇メートル程度の海を指す。

まず、風によって発達する高波は、深い海では水粒子の運動は円軌道になって閉じる。したがって、実質的に波の進行方向への海水の流動はない。このときの波長(隣り合う波の峰同士の距離)は、波の周期の二乗の値に一・五六倍した長さである。たとえば、周期一〇秒の波では波長は一五六メートルである。この約半分より深いところでは海水は動いていない。したがって、台風が接近して海が大荒れのときでも、魚は深いところで泳いでおり、荒波の影響を受けない。

ところが、浅い海域に高波が入ってくると、水粒子の円軌道は楕円形になり、かつ閉じずに海水の進行方向への流動が起こる(実際は波形が尖るようになり、この楕円形の軸が傾き進行方向に非対称形となる)。これを質量輸送と呼び、これが原因となって海岸線付近で海面が上昇する。その結果、海底近くでは沖方向への戻り流れが発生している。

一方、高潮はどうか。台風の強風が吹くと、吹送流が海面のごく近くで発生し、膨大な海水が風下方向に運ばれる。これが海岸付近に溜まって海面が上昇する。そのため、遠浅な海岸では高潮が極めて大きくなる。メキシコ湾を北上した二〇〇五年ハリケーン・カトリーナの場合、高潮によってアメリカ合衆国・ニューオーリンズ付近の海面が八・五メートルも上昇した。また、図のように防波堤や海岸護岸のところにやってくると、吹送流がせき止められる形となり、そこで海面が盛り上がり、海底近くでは戻り流れが発生する。ただし、この流れは小さく、高潮の場合は、水面が単に上昇していると考えてよい。だから、高さ五メートルの高潮は五メートルの海岸護岸で防御できるのである(実際には、高潮発生時には強風が吹いているので、高波の影響を考慮しなければならない)。

さて、M八・四の南海地震に伴う津波を考えてみよう。水深約二〇〇メートルでは、水粒子は約二五〇メートル程度、前後に往復運動する。このときの津波の高さは一メートル前後である。これが水深約一〇メートルの海域に来ると、水粒子は約八〇〇メートル前後、往復運動する。そこに防波堤があると、海底から海面までほぼ水平に運動している水粒子が前に進めなくなり、前述のように、これが位置エネルギーに変換され、津波の高さが約一・五倍高くなる。したがって、高さ五メートルの津波は五メートルの海岸護岸に衝突すると、七・五メートル近い高さに盛り上がり、海岸護岸を容易に乗り越えるのである。ただし、前述のように海底摩擦は水粒子の運動を抑制し、エネルギーを消費するので、理論通りには波高は大きくならない。

遠地津波と近地津波

遠地津波と近地津波の違いは、震源から沿岸までの距離が、六〇〇キロメートルより遠いか近いかということである。したがって、遠地津波の場合には、地震の揺れによる被害はないと考えてよい。二〇〇四年スマトラ沖地震では、震源近くのバンダ・アチェでは、震度六程度の揺れに加えて、一〇メートル近い津波が来襲した。一方、約一五〇〇キロメートル西方のスリランカでは、地震の揺れがなく、一〇メートルの遠地津波がいきなり押し波で来襲した。

わが国にとって、遠地津波の場合に気をつけなければいけないことは、つぎの二点である。

（1）遠地津波の場合、遠くから伝播してくるので、津波の周期が比較的長くなる。このことから湾入距離（陸地に入りこんだ湾の入口から湾奥までの長さ）が長い湾で、共振（次節で説明）によって津波が増幅される危険がある。一九六〇年チリ津波の際、大船渡湾奥で多くの犠牲者（全犠牲者一四二人のうち五三人）が出たのはこの理由による。この湾では、第一波到着後、約八時間の間に八波の津波の来襲を数え、周期は約一時間だった。これは近地津波の周期よりも長い（ちなみに南海地震では約五〇分周期である）。

（2）太平洋の海底山脈、すなわち海嶺での津波の反射（次節で説明）や導波（海嶺に捕捉されて、これに沿って津波が伝播すること）によって、不意打ちの津波が来襲する地域がある。

一方、近地津波の場合についてはどうか。M八・四の南海地震津波を代表例として、図2-5に示した海域で計算した。表2-1にはそれぞれの海域における最大波高、周期、波長、波速（津波の伝播速度）、流速を示す。波高の高い第一波から第六波までの南海地震津波が、およそ五〇分ごとに来襲することが計算結果からも求められる。

このように、津波の進行とともに、津波の特性は大きく変わることに注意しなければならな

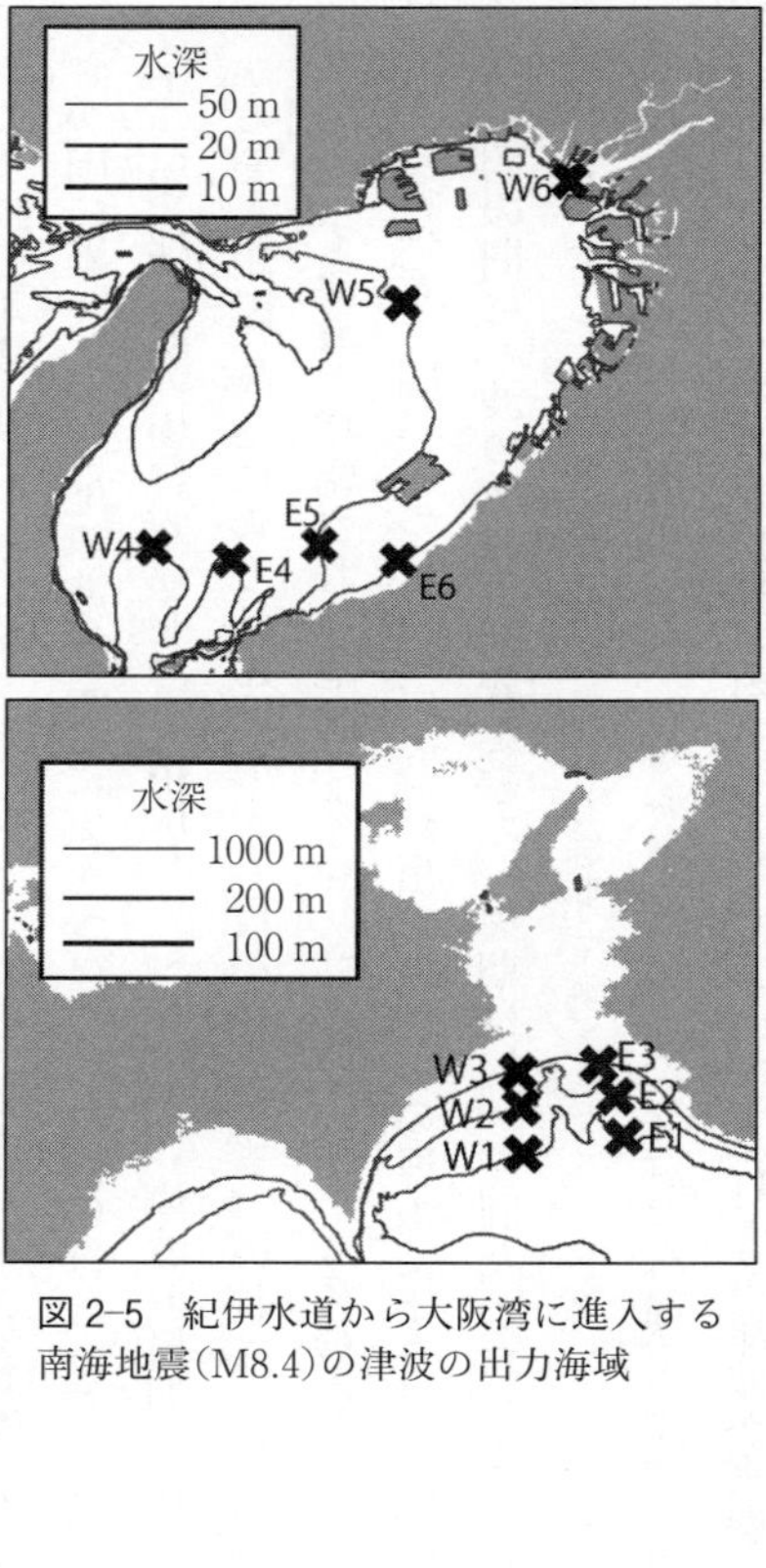

図2-5　紀伊水道から大阪湾に進入する南海地震（M8.4）の津波の出力海域

表 2-1　南海地震津波の最大波高，周期，波長，波速（津波の伝播速度），流速（水粒子速度）

出力点名	最大波高（m）	周期（分）	波長（km）	波速（m/s）	流速（m/s）
W1（1000 m）	1.31（第一波）	60	356	99.0	0.10
W2（200 m）	1.78（第一波）	55	146	44.3	0.44
W3（100 m）	2.77（第一波）	45	85	31.3	0.93
W4（50 m）	0.69（第一波）	55	74	22.3	0.41
W5（20 m）	0.68（第一波）	50	43	14.2	0.54
W6（10 m）	1.08（第一波）	60	38	10.4	1.13
E 1（1000 m）	1.46（第一波）	60	356	99.0	0.11
E 2（200 m）	1.92（第一波）	60	159	44.3	0.37
E 3（100 m）	2.04（第一波）	55	103	31.3	0.65
E 4（50 m）	0.61（第一波）	55	73	22.3	0.39
E 5（20 m）	0.61（第二波）	55	47	14.2	0.53
E 6（10 m）	0.79（第二波）	55	34	10.3	0.55

い。その点に関して、つぎのようにまとめることができる。

（1）わが国の太平洋沿岸に震源があるプレート境界地震（北は千島海溝沿いの地震から南は南海トラフ巨大地震までが対象）による津波では、大きな波高が六時間継続する。すなわち、約六時間は要注意である。

（2）地震の揺れは小さくても、一分以上揺れている場合は津波地震の危険性がある。この津波特性は現状では正確に計算できないので、津波常襲地帯では、ともかく避難しなければならない。

（3）一九八三年日本海中部地震のように、日本海に震源があるプレート境界地震では、丸一日大きな津波が継続する。それは対岸の朝鮮半島やロシアの沿海州と日本列島の間で多重反射(何度も反射をくり返すこと)することが原因である。

2　変形する津波

周波数分散と方向分散

複数の津波が進行すると、その方向に「引き延ばし」が起こる。これを周波数分散と呼んでいる。周期の比較的長い津波が先頭群に集まり、短い津波が遅れるようになるのである。この原理は、つぎのように説明できる。

地震によって海底が広範囲に盛り上がったり凹んだりすると津波が発生する。この海底の動きは、場所や時間によって変化するから、津波は発生したときから不規則波(波形が進行方向にも上下方向にも非対称な波)の集団であるといえる。これを波群という。波群を構成する一波ごとの津波は、進行速度が異なる。図2-6はその模式図である。津波の伝播速度は、周期の長い、言い換えれば波長が長い津波Aの方が速い。したがって、波群は伝播しながら、その先頭付近には周期の長い津波が集中するようになる。逆に周期の短い津波Bは進行速度が遅い

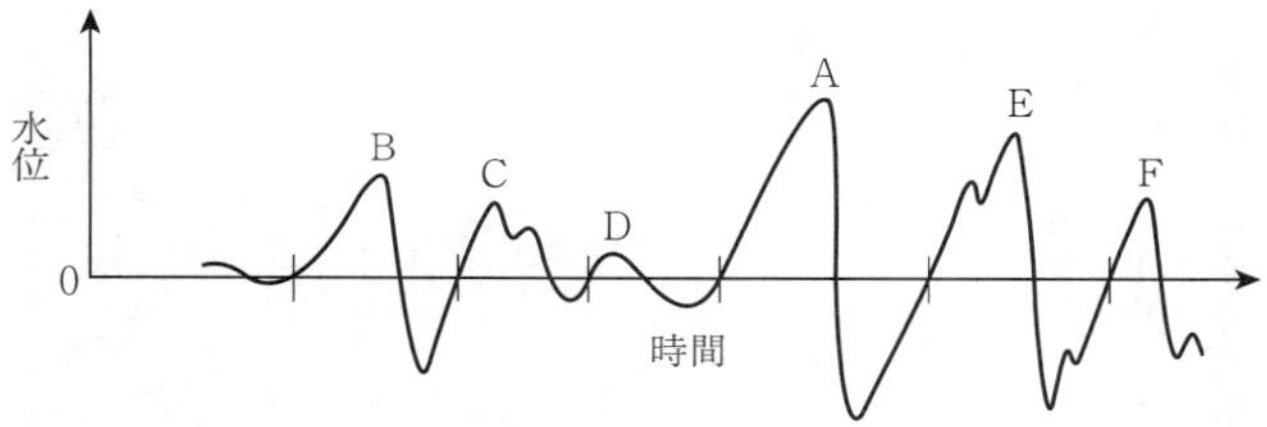

図2–6　津波の波群の模式図（波長の長い津波が短い津波を追い抜く）

から、波群の先頭から取り残されることになる。わかりやすく説明すれば、津波の群れが長距離伝わる間にほぐれて、周期の長い順番に整列現象が起こるということである。伝播距離が短い場合、この整列の途中で津波が来襲することになるので、必ずしも第一波が最高波になるとは限らない。長い距離を津波が伝播すると、このような津波の波群の引き延ばしが起こる。

ところで、津波の伝播速度は海の深さのみによって決まるが、これは津波が波高と波長が同じ規則波（波形が上下および進行方向に対称な波）と仮定した場合である。二〇一〇年二月二七日に発生したチリ沖地震津波で、わが国への第一波の予想到着時間が遅れたのはこの理由による。図2–6は、伝播途中の津波の波群を示している。津波が来襲するまでに津波同士の〝追い越し〟が起こるのである。

海水浴シーズンに、遥か南方海上に台風があるにもかかわらず、土用波が海水浴場にいち早くやってくるのはこれと同じ理由である。「うねり」(風波の場合は、周期がおよそ八秒以上の波を指す)の伝播速度が速いので、先に到着するのである。

津波が発生した瞬間の波源域は、通常、細長い楕円形状である。その後、四方八方に津波が伝播していく。図2-7は二〇〇四年インド洋大津波の伝播の模式図である。津波は広がるにつれて波高が低くなる。これを方向分散と呼んでいる。それは、つぎのように説明できる。

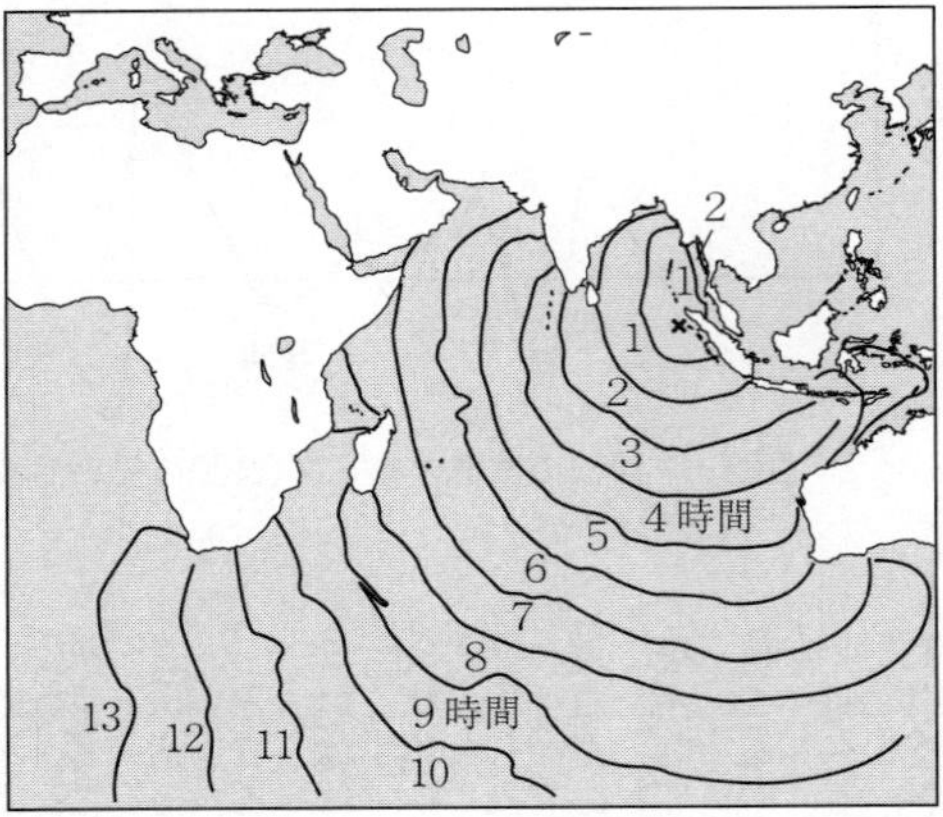

図2-7　2004年インド洋大津波の伝播図

津波、正確には津波の波群のエネルギーは海洋を伝播する間にはほとんど変化しないから、津波が存在している海域ではエネルギーの保存則が近似的に成立する。これは津波が存在する「海域の面積S」と「津波の個数N」および「海域面積当たりの津波のエネルギーE」によって、近似的に、それらの積SNE＝一定と表現できる。津波が存在する海域の面積Sが大きくなるとEは小さくなる。なぜなら、深さ数千メートルの

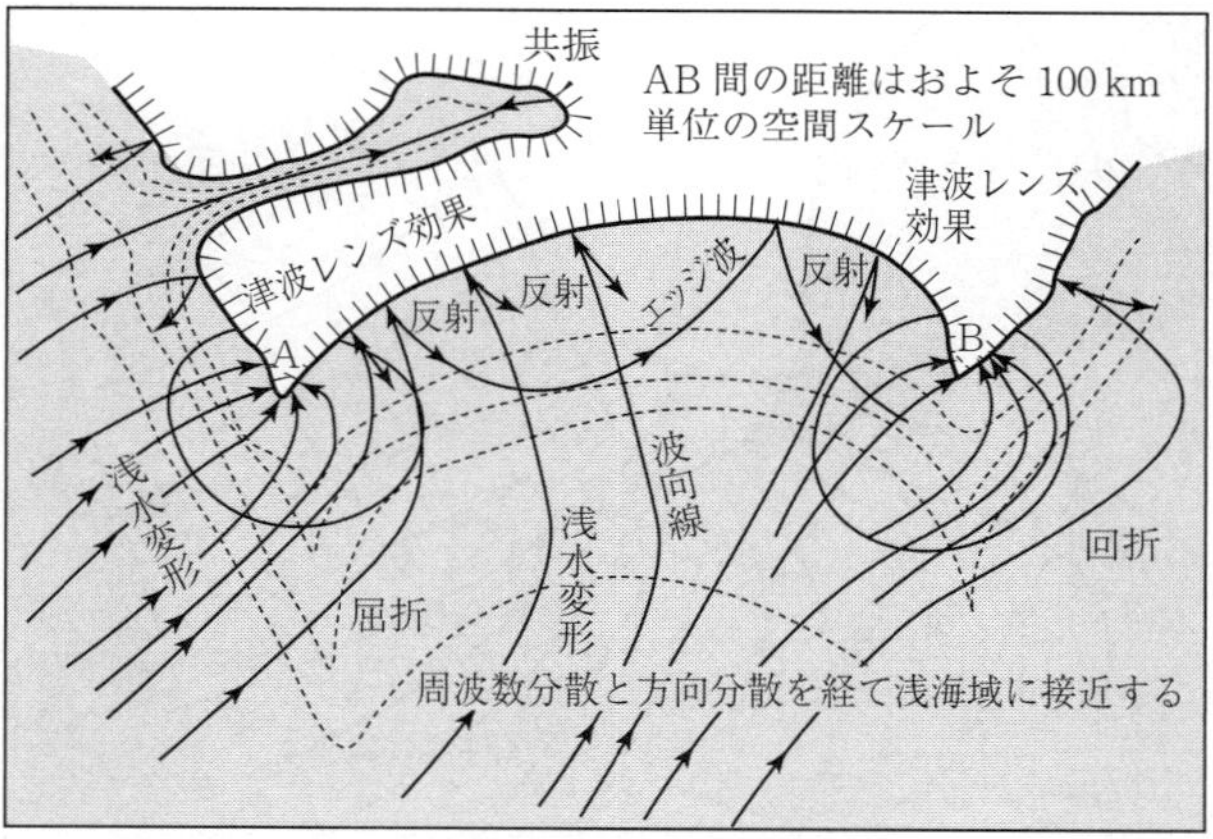

図 2-8　浅海域における津波の変形

海域を津波が伝播するときは、津波は分裂せず、Nは変化しないからである。津波のエネルギーEは、波高の二乗で与えられることがわかっている。したがって、Eが小さくなるということは、つまり津波の波高が低くなることを示している。

太平洋やインド洋など深くて広大な海域を伝播する津波は、このような周波数分散と方向分散を経験しながら、図2-8のように陸地・浅海域に接近してくるのである。

屈折と回折

津波も、「波」であるから光と同じ性質をもっている。たとえば、津波が浅海域に入ってくると、図2-8に示したように、さまざまな変化をうける。屈折と回折という現象である。光の場合、屈

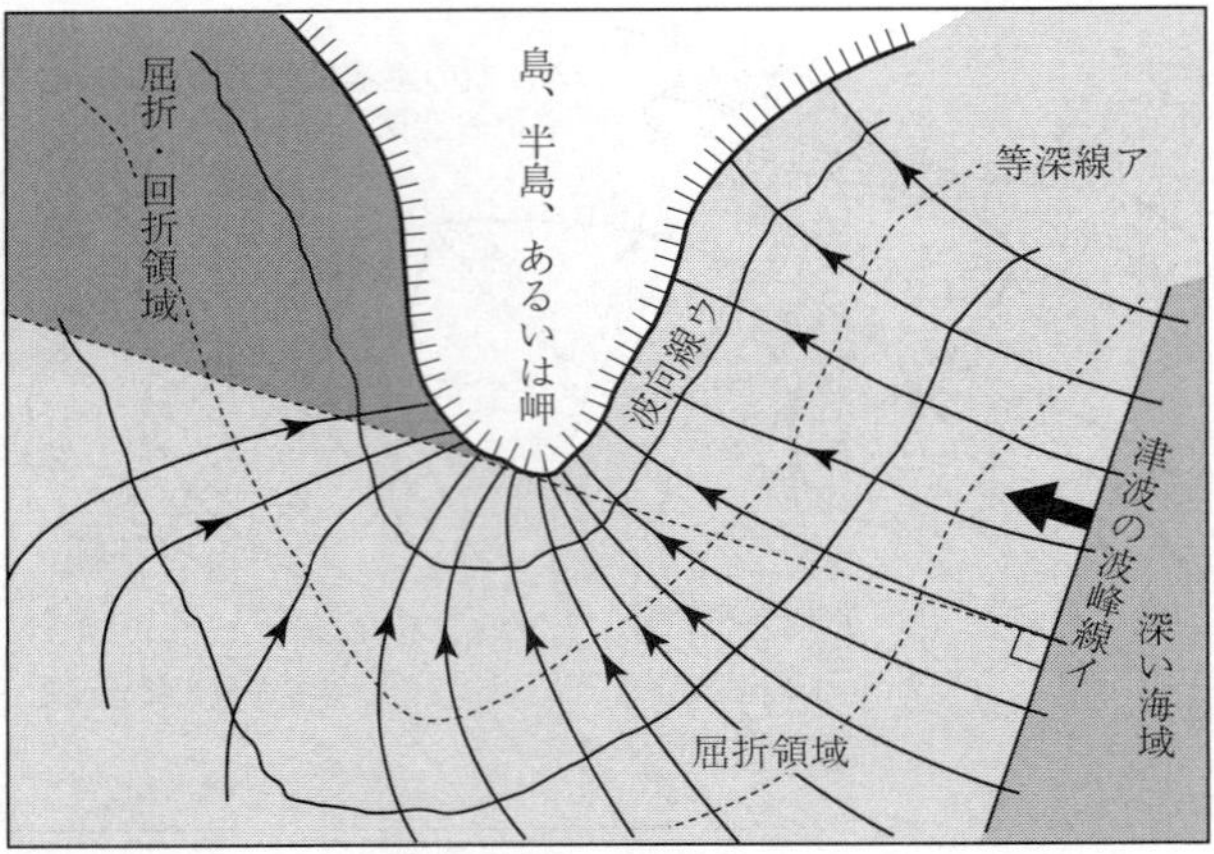

図 2–9　浅海域における津波の屈折と回折

折とは凸レンズの分厚い側に光線が曲がる現象である。一方、津波の場合は、図2–9のように、等深線ア（同じ深さの海底を示す線）に直角に入ろうとする。もし等深線に斜めに津波が入射した場合、深い海域の部分では伝播速度が速いから、その部分は先に前に進むので、波峰線イ（やってくる津波の峰を沿岸方向に結んだ線）が曲がる。これが屈折である。屈折によって波向線ウ（津波は、海岸近くの浅い海域に進入すると、一般に波向きが変わる。その方向変化を表す線）の間隔が狭くなると、津波の波高は大きくなる。なぜなら、二本の波向線の間では、津波のエネルギーは保存されるからである。島や半島、岬に大きな津波が集中するのはこの理由による。一九八三年日本海中部地震による津波が、能登半島の先端や隠岐諸島に集中したのは津波の屈折が主要因である。

つぎに、光の場合に遮蔽物の背後も薄明るいのは、回折によって光のエネルギーが一部届くからである。津波の場合も回折によって、岬や島の背後に津波のエネルギーが一部届くことが起こる。図中、屈折・回折領域と示した海域では、両現象が共存して、津波の高さが変化する。島の裏側だからといって安心してはいけないのである。

実際には、海底の凹凸の程度および島や岬の大きさと津波の波長との関係で屈折や回折の起こりやすさが変化するし、津波は不規則波であるから、もっと複雑な挙動を示す。一般に、海底地形の凹凸や島や岬の大きさが、津波の波長オーダの場合、屈折や回折現象が顕著になることがわかっている。

浅水変形と反射

海底の等深線に対して沖方向から津波が直角に入射すると浅水変形によって波長Lが短くなり、波高Hが変化する。まず、このLは、津波の周期Tと伝播速度cの積で与えられる。水深hが浅くなってもTは不変であるが、cは遅くなるので、Lは短くなる。波高Hは、水深と波長の比h/Lで変化し、たとえばこの比が○・○一より小さければ、波高と水深の四分の一乗の積は一定値となる。これをグリーンの法則と呼んでいる。

たとえば、大阪湾に進入する南海地震津波を想定してみよう。波長五〇キロメートル、水深三〇メートル、波高一・五メートルの津波の場合、伝播速度は毎秒一七メートル(時速六一キロメートル)となり、周期は四九分となる。この津波が水深一〇メートルの浅い海域に入ってきた場合、波高は二メートル、速度は毎秒一〇メートル(時速三六キロメートル)に変化する。つまり、水深が浅くなると津波が大きくなる。このような現象を浅水変形という。

ただし、グリーンの法則を間違って適用してはいけない。適用できる湾入距離は、波長の半分よりも大きい場合という制約がある。波長が五〇キロメートルの津波が来襲する場合、奥行きが数キロメートル程度しかない小さな湾にこの法則をあてはめることはできない。

また、湾口や水道に入ってくる津波のエネルギーフラックス(海域面積当たりの津波のエネルギーとその伝播速度の積)は一定と考えてよいから、湾や水路の幅が変化すれば、波高はこれらの幅の二分の一乗に逆比例して変化する。前述のグリーンの法則と合わせれば、波高と水深の比の四分の一乗と湾幅の比の二分の一乗の積は一定値となる。リアス式海岸やV字型海岸で津波が極端に大きくなるのはこの理由による。津波の常襲地帯と呼ばれる地域はこれらの海岸の特性をもっている。

津波では陸地や崖に衝突して沖に戻る、反射という現象も起こる。津波は長波であるから、一般的に反射率は大きい。たとえば、海岸堤防や護岸に衝突すると、ほぼ完全反射といって、反射率が一に近い。ただし、わが国の海岸のように自然海岸の中に沿岸方向に多種類の海岸施設が存在する場合には、反射率を経験的に決めざるをえないというのが実情である。すなわち、実測値に計算値が適合するように決めるわけである。

そのことが原因となって、複雑な湾内や島が多数点在する瀬戸内海などでは、時間経過とともに反射が方々で起こり、これらが重なるので(多重反射と呼んでいる)、とくに津波の高さの計算値が実測値と合わなくなってくる。このような特徴があるから、時間経過とともに津波の高さが小さくなるとは言えないのである。とくに複雑な地形や島が多く存在する海域では要注意であって、計算による予測の限界ともいえる。

ここで示したような反射は、つぎのように、もっと大規模に起こる場合がある。一九八三年日本海中部地震津波では、朝鮮半島や沿海州沿岸、わが国の日本海沿岸で多重反射し、大きな津波が一日近く日本海沿岸各地をくり返し来襲したことがわかっている。また、海底の海嶺と呼ぶ山脈や海底火山の噴火などで突き出た海山と呼ぶ山で、津波の反射が起こり、思わぬ時間帯に、予期せぬ方向から津波が来襲する場合があるから要注意である。これらの現象は、津波の水粒子が、海底から海面までほぼ水平方向に運動していることから発生している。津波の波長スケールの海底の障害物は、海面まで達していなくても、津波を反射させるのである。

共振とエッジ波

津波は長時間にわたって変化する危険性をもっている。せっかく避難所に素早く避難しても、一、二時間後に素人判断して、「もう大丈夫」と考え帰宅すると危険な場合がある。

たとえば、ブランコには、チェーンの長さによって決まる固有周期がある。したがって、ブランコに乗っている子どもが手前に戻ってきたところで少し背中を押すだけで、どんどんブランコは振れるようになる。これはブランコの共振現象を利用しているのである。

これと同じことは津波が入ってきたときの湾で起こる。いま、湾の幅より湾入距離の方が大きい湾を考えてみよう。こうした湾は、長軸方向の長さによって決まる固有周期をもっている。その固有周期に近い津波が来襲すると共振が起こり、湾奥で思わぬ津波高さを記録することがある。一九六〇年チリ津波の際、大船渡湾の湾奥で大被害が発生したのは、共振が起こったからである。

津波は不規則波であるから、いろいろな周期の津波が複数波、来襲する。そのため湾の固有周期とよく似た周期の津波が存在すると考える必要がある。したがって、津波の第一波がいつも大きいとは限らず、数波目の津波の波高が共振によって最大になる場合がある。長時間にわたって津波を警戒する必要があるのはこの理由による。

つぎに、湾の幅が湾入距離に比べて非常に長い大型の湾を考えてみよう。たとえば、高知県の土佐湾や北海道の道東海岸のような、形が凹状の海岸である。そうした傾斜海岸に津波が入射すると、屈折と反射が起こり、それが海岸に捕捉され、沿岸方向に進行する陸棚波が発生する。これをエッジ波と呼んでいる。エッジ波は、沖に向かって指数関数的に波高が減衰し、沿岸方向に進行し、長時間継続する波である。図2-8で反射後に沖に戻らずに再び岸に向かっている波向線がエッジ波である。したがって、これを観測するには、通常の沿岸方向に配置した波高計群だけではなく、平面的な配置が必要となる。しかも、波動が六時間以上に及ぶことから、正確に観測された例はない。

二〇一六年に発生した福島県沖を震源とするM七・四の地震によって、津波が発生したが、仙台湾では最大津波高さが一・四メートルになった。東日本大震災後、当地を襲った最大の津波となったが、これはエッジ波によるものと考えられている。

しかし、現実には二〇〇三年十勝沖地震の津波は、釧路港で午前五時六分に第一波の津波高さ一メートルを観測し、最高波は四時間後の九時四分に一・二メートルを、そして最高潮位は六時間後に記録されている。この過程がエッジ波を原因とする理論的解析で説明されている。

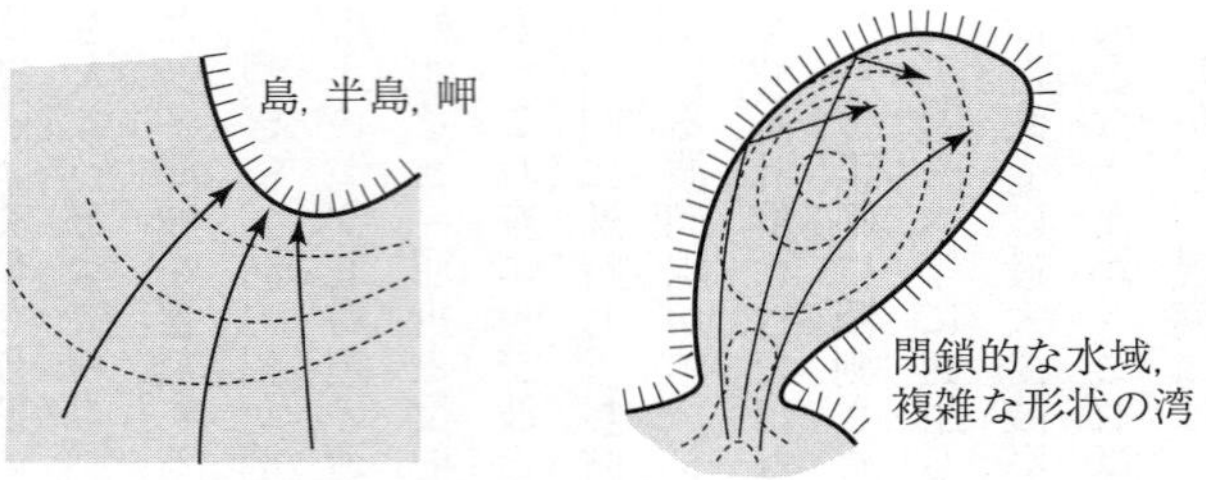

図 2-10　津波が局所的に集中する津波レンズ効果

津波レンズ

島や湾に津波が来襲すると、屈折、反射、浅水変形などの効果が重なって、津波が局所的に高くなることが起こる。これを総称して、津波レンズ効果と呼んでいる。図2-10はその模式図である。右図は大阪湾を想定し、左図は奥尻島をイメージしている。

まず、湾口から進入した津波は、屈折、浅水変形、反射して湾奥部に集中するようになる。このような閉鎖性海域では、湾口から進入してくる第二波、第三波に、湾内で多重反射した津波が加わる。そのため沿岸各地では、時空間的に津波の特性が大きく変化する。この特性は、来襲する津波特性、とくに周期に依存した共振現象としても変化するので、要注意である。将来、南海トラフ巨大地震などの近地津波が太平洋沿岸各地に来襲することが予想されるが、大小、多岐にわたる形状の湾に面した地域では、少なくとも六時間は要注意状態が継続すると考えてよいだろう。

図2-11　1992年インドネシア・フローレス島地震津波が来襲したバビ島近影

つぎに、図2-10左図のように、島に津波が接近する場合を考えてみよう。一般に、等深線は島から円弧状に分布している。したがって、遠くから接近する津波は、まず、等深線に直角に入ろうとして屈折する。一方、島の側方に入射した津波は、反射によって島から散乱するように、放射状に沖に広がっていくことになる。島の背後への回折の有無は、島の代表長さ(形状特性を表す長径や短径など)と津波の波長との関係で決まる。島の形状が複雑になれば、その凹凸や岬の存在に伴って、津波の集中と散乱が局所的に存在するようになる。

このように、島の存在は、まるで光のレンズのように、津波を集めたり散乱させたりする。島の下手側に本土があれば、ここで発生した反射波の島の背後への来襲も考えなければならない。図2-11は、一九九二年一二月に発生したインドネシア・フローレス島地震津波で被災したバビ島である。写真の左手から進行してきた津波は、屈折と回折によって島の側方と背後に到達し、一方、右手方向、約四キロメートルの地点に位置するフローレス島(この写真には写っていない)で反射した津波がこれに重なって、合計七メートルの高さの津波が同島を襲い、二六三人が犠牲になった。

3　くり返す津波災害

津波を起こすプレート境界(間)地震

津波を起こすのは陸のプレートと海のプレートとの衝突によるプレート境界地震の場合が圧倒的に多い。前者に比べて後者のプレートの方が若干重いので(密度が大きく、しかも強固である)、潜り込むことが継続する。この潜り込みは、両プレートの固着域(アスペリティ)が剝がれるまで継続する。たとえば、南海トラフではユーラシアプレートの下に南方向から進むフィリピン海プレートが潜り込んでいる。この潜り込み量は、紀伊半島の潮岬沖では年間四、五センチメートル程度である。これが累計五メートル程度、すなわち一〇〇年から一五〇年程度

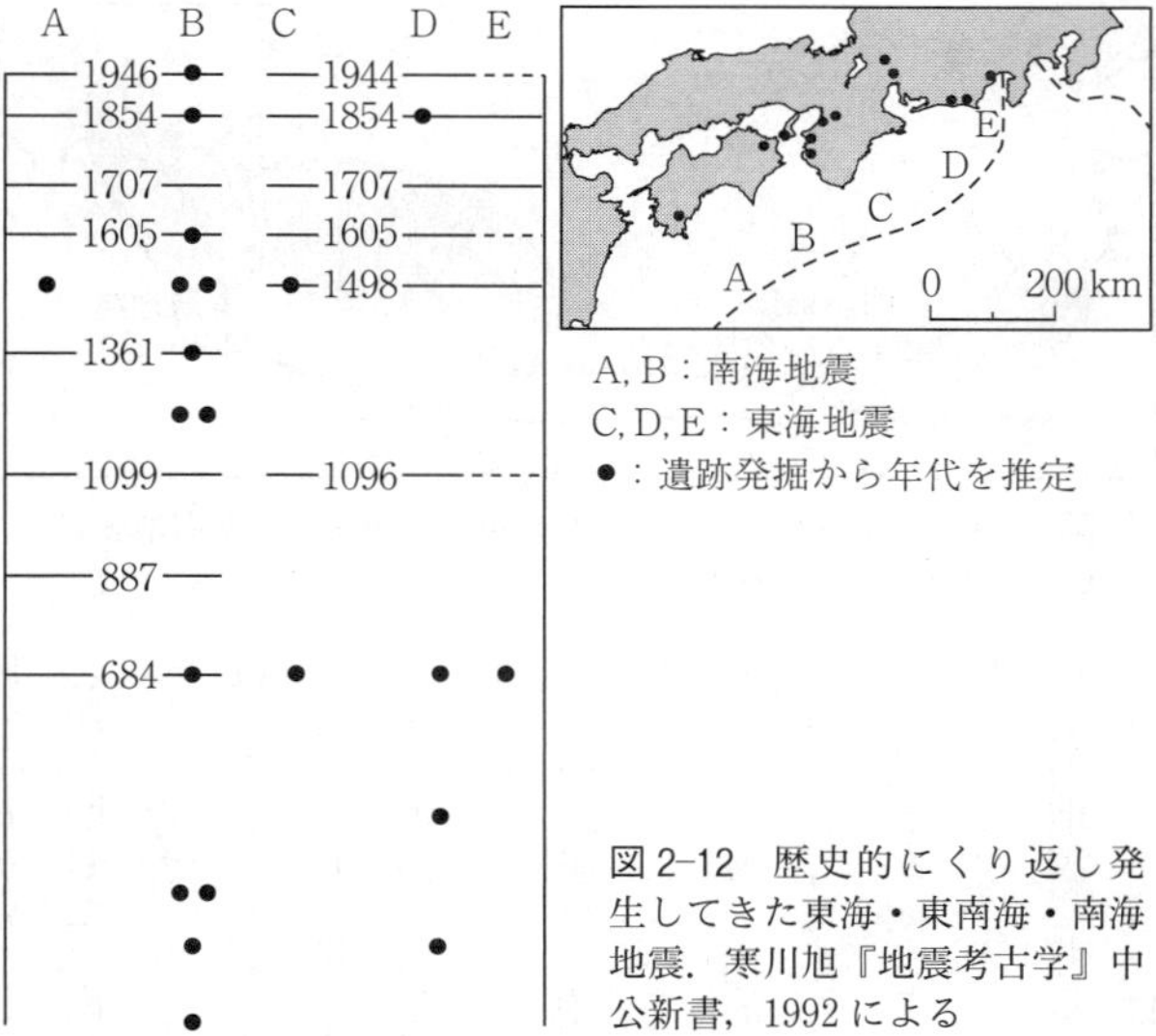

図2–12　歴史的にくり返し発生してきた東海・東南海・南海地震．寒川旭『地震考古学』中公新書，1992による

潜り込みが継続すると突然剝がれる。すなわち、地震が起こることがくり返される。

　これがどれくらいの期間、くり返してきたかということは、つぎのような計算で求めることができる。図2―12は、寒川が調べた東海・東南海・南海地震の発生履歴である。図中の●印は、遺跡発掘から見つかった液状化などの証拠から求められたものである。南海地震は、六八四年以来、確実に八回起こったことがわかる。最長一五〇年間隔でくり返し南海地震が発生してきたのである。

　この数字を用いると、発生回数が推定できる。その方法を示そう。最近、標高一八六メートルの室戸岬の頂上付近で海に棲む

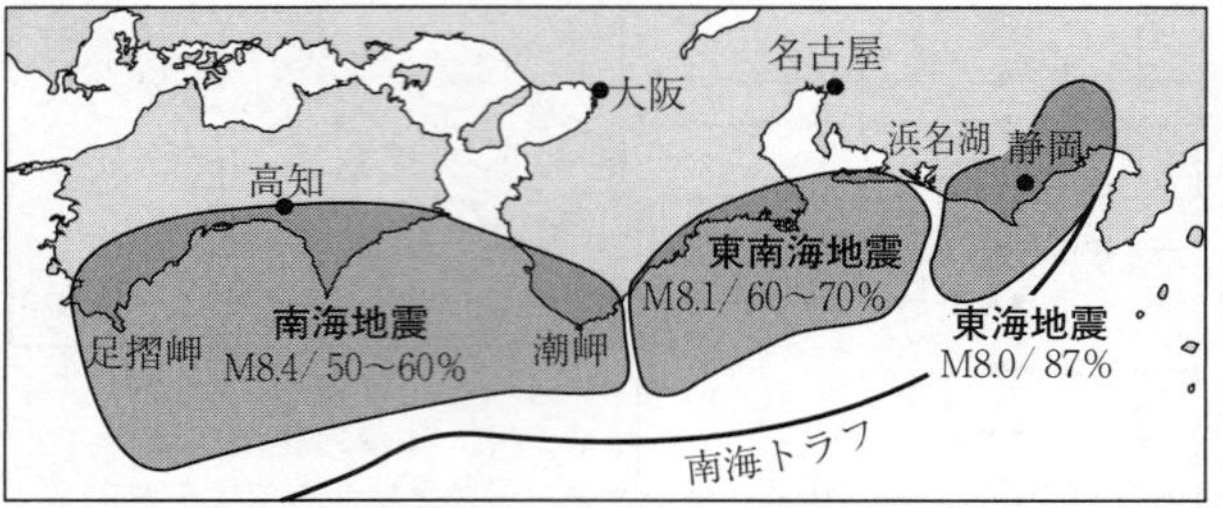

図2-13　中央防災会議が発表した東海・東南海・南海地震の震源域と30年以内の発生確率

貝の化石が見つかり、これがおよそ一二万年前のものであることが判明した。南海地震ごとに室戸岬が隆起してこの高さになったと考えられるから(ちなみに一九四六年の昭和南海地震では一・二七メートル隆起した)、一二万年を地震発生の最長間隔である一五〇年で割れば八〇〇という数字が見出される。すなわち、南海地震は最低でも八〇〇回くり返し起こってきたことになる。

この結果は、南海地震が必ず起こることを示している。図2-13は、二〇一〇年一月一日現在の、今後三〇年以内の東海・東南海・南海地震の発生確率と震源域(海の部分は、津波の波源域でもある)である。この値が六〇パーセントになれば、いつ地震が起きても不思議ではない。二〇〇三年九月二六日にM八・〇で発生した十勝沖地震は、南海トラフ巨大地震と同じ逆断層地震であるが、この地震は発生確率六〇パーセントで起こった。二〇一七年現在、この確率は七〇パーセントに上昇しており、しかも、南海トラフ全域で発生する地震に適用されている。

地震空白域

プレート境界地震は、プレートの潜り込みに伴って発生する地震であるから、プレートの境界のどの位置で起きても不思議ではない。その起こり方に関しては一定の法則があるわけではない。たとえば、南海トラフには五枚の領域が並んでいると想定されているが、ここで起こった過去九回の巨大地震のうち、明らかに東方から破壊が進んだのは七回である。したがって、東海地震が先行するという保証はない。とくに東端の領域は一八五四年安政東海地震以来、地震を起こしておらず、一五〇年以上にわたってひずみエネルギーが蓄積され続けている。このように地震が起こっても不思議ではないが、いまだ地震が起こっていない地域を地震空白域と呼んでいる。

序章の八ページの図には、日本海北部海域における北米プレートとユーラシアプレートの境界で発生した地震の震源域を表してある。この境界における地震の発生過程は、南海トラフで起こる地震に比較して複雑である。それは、東北地方や北海道の日本海沿岸地域ごとに、一九八三年日本海中部地震や一九九三年北海道南西沖地震による津波の第一波が、押し波の場合と引き波の場合が混在することでも明らかである。

このような地震空白域の存在は、わが国のとくに津波防災対策の進捗にとって課題となっている。なぜなら、一九六一年施行の災害対策基本法は「二度と同じ被害をくり返さない」という対策を推進しているからである。地震空白域の存在は、もし地震が起きて津波が来襲すれば、津波護岸や防波堤などの津波対策が未施工の地域を襲うことを意味する。被災すれば対策を実行するという災害対策基本法の考え方の限界ともいえよう。

津波考古学のすすめ

南海地震津波は過去一二万年間、規則的にくり返し発生してきたことがわかっている。古文書の記録としては、日本書紀に六八四年に南海地震が起こったことが明記されている。それ以前はどうだったのだろうか。たとえば、今から約六〇〇〇年前の縄文海進時代（海面が今より三〜五メートル高かった）に南海地震が起これば、当然、津波は現在よりも奥地まで進入する。なぜこのような疑問をもったかといえば、縄文時代のわが国の人口重心は東日本にあったという考古学の研究成果があるからである。この根拠は、縄文時代の遺跡数が東日本の方が西日本よりも多いということにある。このとき、「もし、津波で遺跡が流されれば痕跡は残らないので、見掛け上、遺跡が少なくなっているのではないか」という疑問が生まれる。もしこの指摘が正しければ、従来の学説には議論の余地が生まれる。

そこで、かつて淀川と大和川が流入し、大量の流砂が堆積をくり返していた東大阪地区に焦点を当てて、津波計算を行った。二〇〇四年当時、この地域の中心部の東西方向に、近鉄「けいはんな線」が建設中であり、生駒山脈のふもとで緑色の海成粘土が出土したという新聞記事に触発されたのである。かつては海だった証拠である。まず、東大阪地区の地形は、これら両河川が運んできた沖積土砂を除去して復元した。この地区では遺跡発掘調査が活発に行われており、その結果や、また、阪神高速道路やけいはんな線の建設に伴うボーリング調査資料も活用することができた。さらに、六〇〇〇年前の縄文海進時代以降の大阪湾の海底地形も、ボーリング調査結果などを用いて復元した。その結果、つぎのようなことがわかった。

（1）復元した地形でM八・四の南海地震による津波を発生させたところ、現在の生駒山脈の麓まではん濫域が拡大し、津波の高さは五メートルに達し、流速も毎秒一〇メートル近くになった。この津波は貝塚をはじめ低地の縄文遺跡を完全に破壊して流失できる力をもっている。現在、縄文遺跡は上町台地の東麓の森ノ宮にわずかに残っているが、ここは上町台地の背後となるために津波が極端に小さくなる。したがって、遺跡が残ってもおかしくない。

（2）上町台地の北端に当たる天満橋では、潮流の最大流速は毎秒数メートルに達した。大阪の古地名は「浪速（なにわ）」と書くが、その根拠となる値であると推定された。現在、大阪港の満潮と干潮の差は一・五メートル以上あり、天満橋での潮流もこのように激しかったと考えられる。

このような知見は社会科学の研究分野からは出てこない。ここで紹介した結果は、考古学上の定説を再考する必要があることを示している。

地震考古学は遺跡に残る液状化の痕跡解析から出発しているが、津波考古学は津波の流体力学的解析に基づいた文理融合型の研究として、わが国で発展させることができる学問分野であろう。

文明を滅ぼした津波

巨大な津波が文明を滅ぼした事例がある。クレタ島のミノア文明は紀元前二〇〇〇年ころから同一四〇〇年ころに栄えた地中海文明であった。この文明が紀元前一六三〇年ころサントリニ島の大噴火で発生した大津波が原因で衰退し、木材の大量伐採による環境破壊も加わって、滅んだといわれている。大津波はクレタ島の社会基盤、すなわち、港湾、船舶、物揚場などを破壊した。そのために交易に支障をきたしたことが、もっとも大きな衰退の要因と考えられる。津波が来襲した地域での津波堆積物の発見がこの説の妥当性を裏付けている。被災地が津波による大被害から復旧・復興できずに衰退してしまったのである。

このような大津波は数百年に一度起こることもめずらしくない。ギリシャのクレタ島沖にはヘレニック海溝に沿った断層が最近発見され、ここで起こった三六五年七月二一日の地震が原因で同島西部が一〇メートルも隆起したことがわかっている。そして発生した大津波がエジプトのアレクサンドリアを壊滅させたといわれている。また、この津波は、ギリシャはもとより、イタリアのシチリア島、アドリア海に面するクロアチアのドゥブロブニクまでを襲ったらしい。この断層は、約八〇〇年に一度の頻度で巨大地震と津波を発生させる可能性があると推定されている。地中海東部を襲ったもっとも新しい津波は、一三〇三年八月八日に発生した。M七・八の地震の四〇分後、九メートルの津波がアレクサンドリアを襲ったという。

また、いま起これば超巨大な被害になることが間違いのない事例を二例紹介しよう。まず、一例は、アメリカ合衆国北西部の太平洋沿岸である。沖合のカスケーディア沈み込み帯で、過去三五〇〇年間にM八〜九クラスの巨大地震が七回も起こり、その都度、大津波が発生したことがわかってきた。最新の地震は、一七〇〇年一月二六日であることが日本の古文書の津波記録から明らかにされている。アメリカ先住民の伝承にも大波による大被害の事実が残っていたが、いつ津波が発生したかは不明であった。このように平均五〇〇年間隔でアメリカ合衆国のワシントン州からオレゴン州にかけて大津波が襲ってきたが、同国が近代国家になってからは、シアトルをはじめ同地域は大津波被害を受けておらず、津波対策が急がれている。

ほかの一つは、一七五五年リスボン地震津波で、死者は六万二〇〇〇人から九万人に達した。リスボンには高さが六〜一五メートルに達する津波が来襲した。地震マグニチュードMw八・五の巨大地震であり、当時の証言によれば、揺れは三分半から六分程度続いたそうである。そして海水が沖方向に引き始め、四〇分後、津波が来襲し、大きな津波が三波続いて市街地は氾濫がくり返されたといわれている。そして、火災が発生し、五日間も延焼してリスボンの市街地を焼きつくした。当時のリスボンの人口は二七万五〇〇〇人と推定されており、市民数人に一人が犠牲になったことがわかる。この災害は、ポルトガルの弱体化を一層進め、以後はイギリスとフランスに西ヨーロッパの政治・経済の主導権が移行した。

二〇一一年に発生したM九・〇の東北地方太平洋沖地震は、同規模の地震が南海トラフ沿いで起こる危険性があることを明らかにした。もし、これがM九・〇で起これば、事前の被害想定結果から、「国難災害」になり、これがきっかけとなって、ポルトガルのように衰退が始まる恐れが大きい。

4　日本の津波常襲地帯

三陸沿岸

津波の常襲地帯では津波被害が桁違いに大きくなる。しかも、歴史的に津波災害がくり返し起こっている。しかし、たとえ大きな津波がくり返し襲ったとしても、そこに人が住んでいなければ、災害とはならない。二〇〇四年インド洋大津波がその例である。過去にも津波災害が起こっていたはずであるが、海岸地帯に人が住んでいなければ大災害とはならないのである。南海トラフに沿った巨大地震が六八四年以来九回起こったことがわかっているのは、当時から東海地方より四国の太平洋沿岸にかけてかなりの住民がいて、被災したからである。

さて、三陸沿岸は「宿命的な」津波常襲地帯であるといえる。それは、湾岸地域が津波を増幅させる屈曲に富んだリアス式海岸だからというだけではない。遥か沖合の水深数千メートルの海域が津波を集中させる海底地形となっているのである。これは、近地津波はもとより、太平洋沿岸各地で津波が発生し、遠地津波として伝播してくるとき、必ずこの海域で増幅するこ

表2–2　三陸海岸沖でくり返し発生してきた大津波の年表

発生年	名　称	地震マグニチュード
869	貞観の大津波	8.3
1611	慶長三陸津波	8.1
1677	延宝三陸津波	7.5
1763	宝暦三陸津波	7.4
1856	安政三陸津波	7.5
1896	明治三陸大津波	8.5
1933	昭和三陸津波	8.1
2011	東北地方太平洋沖地震	9.0

とを示している。このように沖合で津波が増幅し、沿岸でも増幅するという津波の「二重レンズ効果」が三陸沿岸では起こる。

表2–2は、歴史時代の当地を襲った津波一覧である。このように頻度が高い理由は、西進する太平洋プレートの速度が年平均一〇センチメートル程度と大きく、かつこのプレートと北米プレートのカップリング(相性)が良いからである。すなわち、両プレートの結合度が高く、強くくっついて、固着域(アスペリティ)がなかなか剥がれないのである。震源域が水深八〇〇〇メートル級の日本海溝となっているのはそのせいである。二枚の陸のプレートが衝突して、衝立状になっているのがエベレスト山脈であり、ここが八〇〇〇メートル級の山脈となっていることと符合する。荒っぽいやり方であるが、エベレスト山脈を切り取ってさかさまにして、日本海溝にかぶせるとほぼ納まるのである。

この沿岸には、近地津波と遠地津波が押し寄せる。それぞれ卓越周期(津波は、いろいろな周期の波の組合わせによる波群で構成される。その波群の中で、波高の二乗で表現できる津波のエネルギーがもっとも大きくなる波の周期)に幅があり、各湾の共振周期に合致する場合に、津波は大きく増幅する。このことは、来襲する津波が極端に増幅する湾が必ず存在することを意味する。したがって、二〇一一年東日本大震災が示したように、津波防波堤のあった大船渡、久慈や釜石を含み、世界屈指の津波危険地域であると言える。

土佐湾沿岸

南海地震による大津波がわかっているだけでも過去八回にわたって襲っている津波常襲地帯である。この沿岸には、東西に室戸、足摺岬があり、ここに津波が集中するのは津波の屈折現象によるからである。土佐湾の湾形は典型的な凹地形であるから、湾の中央部は屈折によって津波の波高が低くなるはずである。しかし、過去には一七〇七年宝永地震津波は桂浜で約一〇メートルに達し、これが背後の峠を越えて現在の高知市の市街地から浦戸湾に流れ込んだことがわかっている。ここの津波問題の複雑さは、つぎの二つの理由による。

(1) 湾中央部の西側に位置する仁淀川の河口デルタの存在による津波の屈折による集中が起こった。現在、この海域は大量の海砂採取の影響で深くなっており、これも一因となって、高知海岸の侵食が激化している。つぎの南海地震津波の来襲が従来と異なる特性を示すと考えられる。
(2)南海地震が発生すると、室戸岬のように隆起する海溝側の領域と、その北側で沈降する領域の境界線が高知市の北部を東西に走っており、M八クラスの地震が起こると瞬間的に約二メートル地盤沈下すると予想されている。したがって、江戸時代の干拓地を中心とした沿岸地域は、津波が来る前に水浸しになってしまう。海岸護岸も二メートル近く沈下しているから、六メートルの津波が高知市に来襲したのとほぼ同じことになってしまう。このことから、国土交通省は浦戸湾沿岸の海岸護岸を二メートルかさ上げすることを決定し、その工事が二〇一八年度にも始まろうとしている。浦戸湾に進入する津波高さは約四メートルと想定されている。

高知市では、沿岸部の軟弱地盤地域で震度六強から六弱の揺れで液状化被害も先行しているはずであり、地震対策と同時に津波対策を講じなければならないというハンデを抱えているといえる。しかし、高知県は防災先進県であり、高知市と共同して積極的に地震・津波対策を先行させており、住民の自助努力と地域の共助努力が被害の大きさを決める鍵を握っているといえる。なお、須崎湾には津波防波堤が設置されているが、設計外力は昭和南海地震津波である。ところが、想定しているつぎの南海地震の地震エネルギーはM八・四と、昭和のそれの四倍大きく、津波高さも平均七割増しとなる。さらに、南海トラフ巨大地震がＭ九で起これば、波高は一層大きくなるので、ハザードマップは再度、改訂されている。したがって、市街地の一部では浸水が起こる。そのため、避難用の津波ハザードマップも用意されているので、あわてずに避難することで人的被害の発生は防げるはずである。

熊野灘・紀伊水道沿岸

典型的なリアス式海岸である。そのため、いずれの湾奥部でも津波が大きく増幅するという特徴を有している。昭和の東南海、南海地震は、ともに一八五四年安政東海、安政南海地震のマグニチュード八・四より小さく、それぞれ七・九と八・〇であった。つぎに起こると想定されているこれらの地震は同時に起こり、九・〇と想定されており、地震の揺れと津波は昭和のそれらと比べて、桁違いに大きくなる。

これらの沿岸では数多くの漁港が点在している。そして、この沿岸域では、津波の高さは一般に一〇メートルを超え、場所によっては二〇メートルに近い値になる。地震の際には漁業関係者は漁港に駆けつけてはいけない。命を落とすだけである。南海地震や東南海地震による津波から、漁船や養殖いかだを守ることは不可能と断言できる。

熊野灘沿岸については、つぎに発生が予想されている南海トラフ巨大地震による津波の高さは、昭和の東南海地震の津波に比べて、平均七倍近く高くなると考えられる。昭和の東南海地震で津波被害が大きかったところは、さらに大きくなる危険性がある。また熊野市には七里御浜という約二二キロメートル続く礫浜海岸と背後に松林の防潮林がある。しかし、この浜は近年、熊野川からの流送土砂の減少に起因して海岸侵食が起こっており、浜幅が狭くなったところがある。防潮林の効果は、樹木の空間密度、樹高および防潮林の幅に支配される。現状では、津波の緩衝効果が弱くなっていることから、背後地でこれまで経験したことのない津波被害の発生が心配される。

紀伊水道に面した和歌山県と徳島県の両沿岸では、津波のキャッチボール、すなわち多重反射が起こる。したがって、時間経過に伴って津波の挙動、とくに高さの変化が複雑になる。これは現在の津波の数値シミュレーションでは正確には再現できない。反射率が事前に同定できないからである。しかし、たとえば和歌山県田辺市では、第十一波目の津波が最大になると予測され、地震後二時間以上経過してから来襲することになろう。第一波は地震後およそ一五分で来襲するから、安全な指定避難所でやはり六時間は大事を取って居続ける必要がある。

なお、便宜的に領域に分けて考えてきた東海地震、東南海地震および南海地震が同時に発生する場合が、特定の地域にとって必ずしも最悪の被害をもたらすわけではない。津波の場合は孤立波であるから、違った波源域からの複数の津波が重なると、波高はそれらの高さの和になる。このため、将来、東南海地震と南海地震が数十分から数時間差で起こると潮岬を中心におよそ東西方向三〇キロメートルの範囲では、時間差発生の方が連動の場合に比べて、津波は大きくなるという危険が生じる(地域によっては、津波の峰と谷が重なって、高さが低く抑えられる場合が発生する)。たとえば、東南海地震による高さ四メートルの津波来襲時に南海地震による高さ五メートルの津波が重なると、合成された津波の高さは九メートルに達する。

道東海岸

北海道の道東海岸では、歴史的に十勝沖地震や五〇〇年間隔地震などによる近地津波とチリ津波などの遠地津波が来襲している。とくに東端の浜中町霧多布湾沿岸では幾度となく大きな津波災害を被ってきた。襟裳岬から釧路まで、海岸線は屈曲に富んでいるわけではないが、局所的に津波が大きくなるところがある。図2-14は、道東海岸を含む海岸に、二〇〇三年十勝沖地震(M八・〇)と、さらに地震マグニチュードを〇・二ずつ増やして計算した結果である。図中の■印は実測結果である。この図から、極端に津波高さが増幅される地区が存在することが

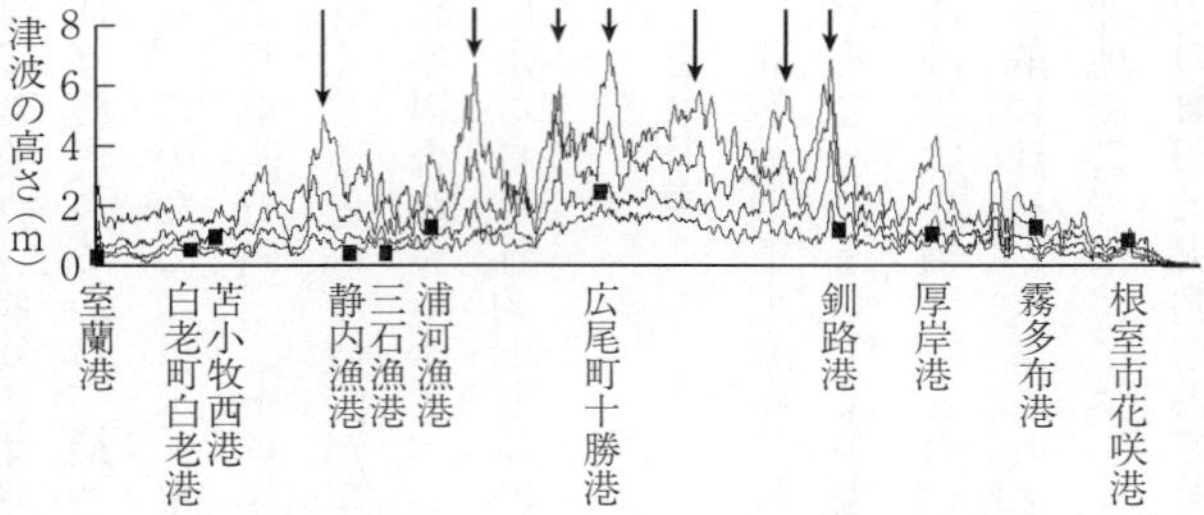

図 2–14　北海道の太平洋沿岸に存在する津波の増幅地域. 4 本の線は M7.8, M8.0, M8.2, M8.4 の計算値

わかる(図中の矢印部分)。これは、道東海岸の沖合の海底地形が、津波の局所的増幅を引き起こすからである。すなわち、沖の海底地形特性が三陸沖のそれとよく似ているということである。

歴史的には、千島海溝に沿って震源があり、中央防災会議によれば、第1章の図1–6に示したように、この海岸には、根室沖・釧路沖の地震、十勝沖・釧路沖の地震と根室沖・釧路沖・十勝沖地震が連動する場合、五〇〇年間隔で大津波が来襲している。

この海岸で気をつけるべきことは、海岸地形が比較的平坦なため、国道三八号線、JR根室本線などが海岸にごく近いところを、海岸と平行に走っていることである。一九九四年北海道東方沖地震に際して、つぎのようなことが起こった。津波警報下で各自治体の避難勧告が発令されて住民が避難しているにもかかわらず、海岸にもっとも近い国道が通行止めの措置をとっておらず、自動車やトラックが自由に通行していた。地震発生が二二時二二分過ぎであり、釧路の管理事務所が無人だったため、通行止めの措置がとられなかったのである。

図2‒15は、二〇〇三年十勝沖地震が発生した翌日の写真である。このとき、十勝川の河口で、津波で行方不明になった釣り人二人を捜索するために、ヘリコプターが上空を飛び、消防や警察が周辺で懸命の捜索活動をしていた。写真に写っている二人は、そんなことにお構いなく海釣りをしている。昨日の津波が遡上した痕跡が砂浜の上部にはっきりと残っているにもかかわらず、その海岸の波打ち際で釣りをしているのである。余震でも津波が起こる危険性がある。同好の士が行方不明であるから、翌日くらい釣りを自重すべきである。この日に、札幌から貸し切りバスでやってきた釣り人の団体も目撃した。津波でなくても、台風接近時などの「波浪注意報」発令下で、防波堤や岩場での釣り人の遭難があとを絶たない。『安全』をもっと真剣に考えなければならない。

図2‒15　2003年十勝沖地震の翌日に，被災地の浜辺で釣りをする人(背後の海浜上には津波によって運ばれてきた藻屑が散乱している)

第 *3* 章 津波情報に注意せよ

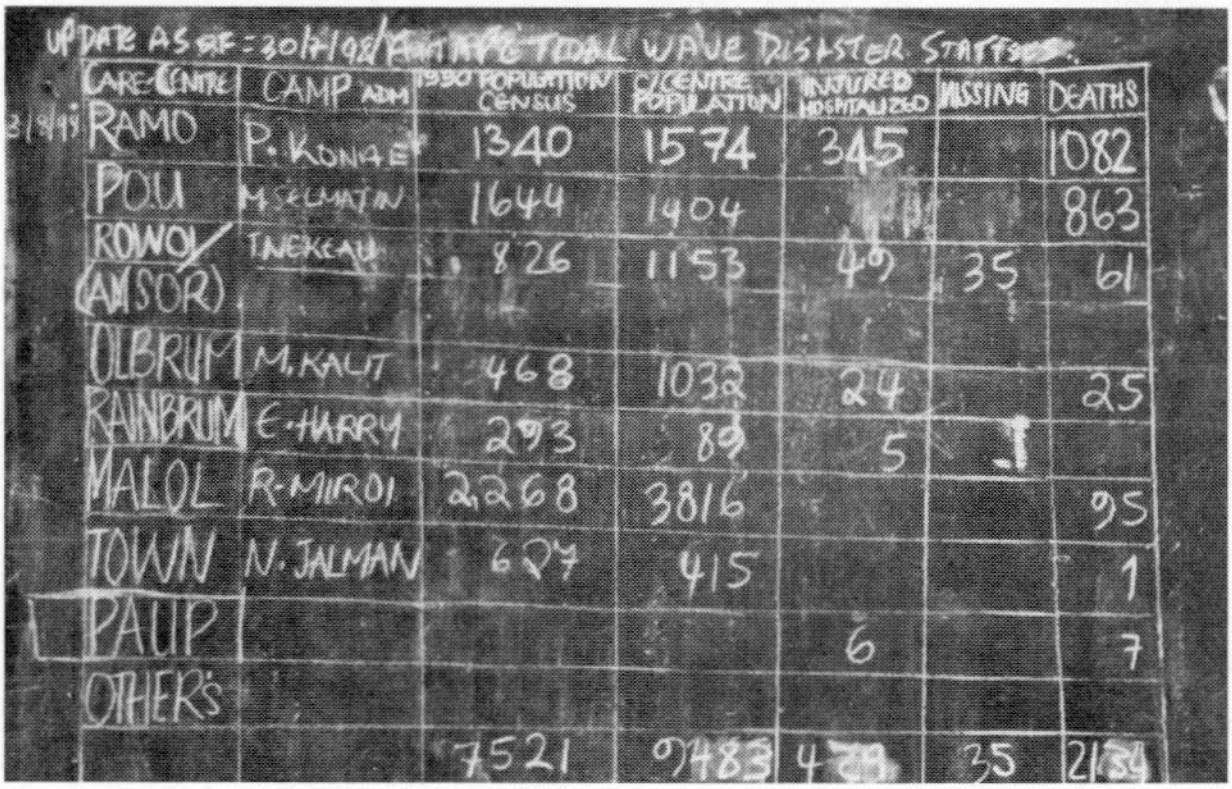

1998年パプアニューギニアで地震が発生し，津波で2,000人以上が犠牲になった．独立記念日を含む3連休の前日，金曜日の午後6時過ぎに発生したため，行政の対応が非常に遅れた．下の写真は，アイタペに設置された現地対策本部の黒板に，住民数や死傷者の数を示す表が書かれていたものである．そこから30 km離れた被災地は南海の楽園を思わせる白砂とコバルトブルーの海，そしてココナツの林の組合わせが素晴らしい光景であった．しかし，15 m近い津波が来襲したとき，避難できる場所は皆無であった(上の写真)．国際調査隊も命がけであった．

1 「この地震による津波の心配はありません」

津波発生の経験則

一般に、海底に震源があり、二枚のプレートが上下に食い違うという縦ずれ断層地震（逆断層あるいは正断層地震）の場合に津波は起こる。しかし、小さな地震では起こらない。過去にわが国で被害を起こした近地津波のうち、地震マグニチュードと震源深さがわかっているものは約一三〇例ある。その中で最大の震源深さは一〇〇キロメートル、最小の地震マグニチュードは六・二である。

すなわち、地震マグニチュードが六・〇以下あるいは震源の深さが一〇〇キロメートルより深ければ、被害をもたらすような津波は発生しないと考えてよいようである。サンプル数も一〇〇を超えているから、信頼してよい数字であるといえる。これが津波発生の経験則である。たとえ、地震マグニチュードが八と巨大であっても、震源の深さが一〇〇キロメートルより深い場合、海底地盤に顕著な上下の食い違いは発生しないのである。

テレビを観ていると、画面上に、つぎのようなテロップが流れることがある。「△△△付近で地震がありました。この地震による津波の心配はありません」。このとき、なぜ、津波が発生しないのかについて理由の説明はない。『なぜ』という理由が示されないので、視聴者は少しも賢くならない。同じ地震マグニチュードであっても震源の深さが浅い方が、一般に津波は大きくなる。このような事実を知っていることは、防災・減災に役立つはずである。

阪神・淡路大震災以降、わが国周辺で起こる主なプレート境界地震の被害想定作業は、中央防災会議や都道府県レベルの自治体では終わっており、すべて公表されている。そこには必ず対象となった地震のマグニチュードや震源深さが併記されている。実際に地震が起こったとき、これらの値と比べることによって、想定されている津波より大きいか小さいかが比較的単純に判断できるはずである。そのような習慣を日常的に訓練することも津波防災・減災を進める上で役に立つ。

なお、本書では地震で起こる津波に限っているが、津波はほかの理由でも起こる。たとえば、火山の噴火、大規模な地滑りや海底地滑り、隕石の落下である。これらの津波発生機構は海底地震の場合とは異なる。発生理由が違えば、起こった津波の特性も異なる。だから、これらに共通の津波の経験則は存在しない。

津波情報の限界

二〇〇三年九月二六日(金)午前四時五〇分ころM八・〇の十勝沖地震が発生した。この地震直後、北海道の太平洋沿岸中部と東部に津波警報が発令された。筆者たち調査班は、翌日に現地調査に入った。土曜日ということもあって、豊頃町(震度六弱)の海岸近くの公園では、小学校高学年らしい子どもたちが遊んでいた。ちょっと声をかけてみた。「昨日、津波の避難勧告が出たのを知っていますか?」答えは「知っています」。つぎに、避難したかどうか尋ねてみた。「学校の先生は避難勧告が出たら避難しなさいと言っていたから、お父さんにそう言ったら、こんな地震で津波は来ない、と言って初めは避難しなかった」「それでお母さんが隣の家の人と相談して、とりあえず家族が車に乗って家の周りをぐるぐる回っていた」というような回答であった。

この事実は、小学生のころから防災教育を実施することの大切さと、大人も学ぶ機会を何度も持つことの重要性を示唆している。「下手をすると命を失う」津波という災害を正確に理解し、それに巻き込まれないようにする不断の努力が求められる。

この十勝沖地震津波に関しては、つぎのような、津波情報に関する問題がある。

(1) 津波警報が午前四時五六分に発令され、豊頃町では五時一五分に避難勧告が発令された。そのときには津波の第一波は来襲していた。警報と同時に避難勧告を発令しない自治体が今も多い。理由はいろいろあり、避難所の開設が間に合わないとか、いきなり発令するとかえって混乱が起こるとか、町長が不在だとか、ほとんどは自治体の勝手な言い分である。

(2) 父親も母親も隣の家の人も正確な知識をもっていない。震度六弱の揺れは、立っておれないほどのものである。しかもプレート境界地震であるから数十秒は大きな揺れが続く(ちなみに、典型的な内陸直下型地震だった一九九五年兵庫県南部地震では、強い揺れは一五秒弱であった)。そのような強い揺れをほとんどの人は経験したことがないはずである。しかし、そういうときは震源が近く、津波は大きいと直感的に判断しなければならない。自分に都合の悪いことは屁理屈をつけて自分で納得してしまう「正常化の偏見」が見られた。

(3) 十勝沖地震は過去に何度も起きている。被災地だったところに住んでいる住民は、そのとき、なぜ人的被害が出たのかとか、やってきた津波の特徴を知っている必要がある。自治体のホームページなどを活用して、そのような情報を手に入れやすい環境づくりも必要である。地域の職場やPTA活動、自主防災組織を通して学習する機会を増やさなければならない。

(4) 北海道の漁港は大型化してきており、かつては漁港のそばにあった集落が、漁港の拡張、水産施設の充実に伴って背後の海岸段丘上に新しい集落地を形成しているケースが多い。漁業関係者は車で漁港に通うことが普通になっている。このような居住条件の変化に伴って、津波ハザードマップも当然、改訂が加えられてきている。しかし、住民の多くはこの事実を知らない。

その他にも、いろいろ課題はあるが、要は情報が「正確に、迅速に、詳細に」伝われば被災者は減るというような単純な考えは通用しないということである。被災する危険のある人が的確な行動をとるために、どのように情報を活用するのかという視点が必須である。これは津波情報には限界があるということである。

車で山へ避難

一九九三年北海道南西沖地震が起こったとき、奥尻島の青苗地区で、灯台のある高台に車で避難しようとして道路が渋滞し、津波によって車ごと犠牲になった人が出た。それ以来、とくに車による避難はやめるべきだということになっている。しかし、地震後五分も経たないうちに津波が来るとは青苗地区の住民は予想していなかった。

その一〇年前の日本海中部地震でも、津波による犠牲者が青苗で二人いたので、津波が来ることはすぐにわかったはずである。しかし、日本海中部地震の場合は、震度四の地震の揺れを感じてから高さ三〜五メートルの津波が来襲するまで、約一五分から二〇分あった。その経験があったので、北海道南西沖地震が起こったとき、住民の七七・九パーセントが避難した。その中で車で避難可能と判断する住民がいても仕方のないことであった。彼らはまさか五分弱で津波が来るとは予想しなかったはずである。

翌年の一〇月四日二二時二二分過ぎに北海道東方沖地震が起こった。このとき揺れを感じて避難勧告を待たずに自主的に避難した住民が北海道だけで五万人にのぼった。前の年の南西沖地震津波被害を覚えていたからである。

彼らはすべて徒歩で指定避難所に避難したわけではない。車で家を出発し、高台や山を目がけて運転した人もいたのである。東方沖地震の現地調査をしていたとき、浜中町から西へ六〇キロメートルも車で逃げてきたという住民に出会った。どうしてそのような遠距離を避難してきたのかと尋ねた。すると答えは、「山に向かう道路がすべて車でいっぱいで渋滞していたので、つぎの山道をめがけて運転して来たら六〇キロになってしまった」ということだった。

北海道は一〇月ともなれば夜は寒い。避難勧告が発令されたからといって、避難所まで徒歩で避難するのは遠すぎる場合もあるし、寒いという理由はよくわかる。そこに、高齢者や乳幼児が加われば、車で近くの高台や指定避難所へ避難ということも言下に否定できない。では、一体どのような注意と工夫がいるのだろうか。まず、注意点としては、①信号のない交差点を通って高台へ避難できること(停電で信号が消えると大渋滞する)、②鉄道の踏切を通らないこと(停電で踏切の遮断機がおりたままになる)が挙げられる。

二〇一一年東日本大震災では、車で避難した人の平均移動距離は、約二・四キロメートルに過ぎない。多くの車が渋滞に巻き込まれたことがわかっている。この震災の後、たとえば、三陸沿岸部を南北に走行する国道四五号線では、過去に来襲した津波が、道路面の高さまでやってきたことを示す表示板が情報を提供している。また、事前のアンケート調査では、地区の住民の九〇パーセント近くが徒歩で避難すると回答していたが、実際に津波警報が出て、避難勧告が発令されたとき、車で避難した住民が五〇パーセントを超えていた事例も報告されている。建前と本音の違いが表れているのである。このようなことが起こらないように、事前の避難訓練をくり返すことがとくに大切である。

そこで、つぎのようなルールを作り、守らなければならないだろう。

(1)津波避難で山道に入ったら、少なくとも一〇キロメートル以上は山道を上がることである。先頭の車が自分の安全のことだけ考えて山道を一〇〇メートルくらい入って停車すると、後続の車はそれより先にいけない。山道はほとんどが一車線だからだ。こうなると一〇〇台くらいしか安全な場所にたどり着けない。

（2）山道にたどり着いたところで渋滞したら、あっさりと車から出て徒歩で避難することである。それくらいの覚悟がなければ、車で避難してはいけない。

すなわち、車で避難する場合には、津波が地震後どれくらいしたら来襲するかという情報を事前にもっていなければ危険である。このように車での避難を可能とするには、車で避難する人が津波避難に関する基本的事項を合意し守ることが前提である。これがなければ危険である。最近、高齢化が進み、自力避難できない住民が急増している。担架やリヤカーで避難所に連れていくという試みもあるが、地域住民が合意すれば車の使用も考えてもよいと思う。ただし、前提となるのは前述した条件を満足し、かつ住民の合意が必須ということである。

徒歩で避難所へ

避難は徒歩が原則である。まず、津波の恐れがあるときに、どこに避難すればよいかを事前に調べておく。近地津波の場合は、市町村からの避難勧告が間に合わない恐れがある。大津波が来襲するところは、地震の震度も六弱から六強であるから、素人判断しても間違うことはない。一分以上、三分程度揺れたら間違いなく津波がやってくる。避難所は原則、地区の小学校か中学校である。わからなければ、市町村の防災課か、なければ総務課に問い合わせればよい。

(1)事前対策と(2)事後対策に分けて説明しよう。

気をつけなければいけないのは、住民は自宅と避難所の距離が遠すぎると、高齢者ほど避難をあきらめてしまうことである。東日本大震災では、徒歩で避難した人の平均移動距離は四三八メートルであった。そして、死亡率は高齢者ほど高くなっていることがわかった。したがって、避難距離が長い場合には、たとえば車いすを用意し、近隣の人が協力して押して逃げるという訓練も必要である。東日本大震災復興構想会議が地域コミュニティの大切さを訴え、その場合、〝絆〟が重要なキーワードであることを示したのは、このような事情があったからである。

(1) 事前対策

① 津波ハザードマップを市町村から入手するとともに、過去にどのような津波がやってきたのか、これからやってくる津波(以前のものと違うことはよくある)による浸水域を知ること。二〇一五年現在、六七一市町村で津波ハザードマップが必要であるが、そのうち五六〇市町村

で作成され、インターネットで公開している。市町村の津波ハザードマップの作成率は約八〇パーセントとなった。まだ作成していない場合は、作成するように住民から直接請求すればよいだろう。そういう時代である。とくに自治体の首長の防災意識が低い場合は、催促しなければ、財政的な理由から先送りされるだけである。

まず、自分の家の地図上の位置を知る。つぎに、指定避難所の位置である。そして、そこに至る避難路の候補を二、三考えてみる。必要な要件は、二車線以上の幅員の道路であり、かならず水平か、上り勾配の道路を選ばなければならない。間違っても川や海に近い道を選択してはいけない。

② 避難所が数百メートル以上遠方にある場合は、途中で津波に追いつかれる恐れがあり、一時的に避難させてもらえる避難ビル(通常、鉄筋コンクリート造三階建て以上の建物)を知っておくこと。利用に際し、事前に自治体とビル所有者との協定が必要である。まだこの作業をやっていない自治体も多いので、これをやっていないようであれば実施するように催促する必要がある。住民の津波防災に関する関心の程度によって自治体の対策の進捗度が決まると考えてよい。

③ 指定避難所の門や建物の鍵を誰が管理しているか知ること。通常は、避難所周辺の町内

会や自主防災組織の会長と幹部がもっているはずである。そうでなければ、鍵を壊して入らなければならない。

④大切なもので水没して困るものは、日常的に自宅の二階以上に置いておくようにする。

（2）事後対策

①避難所に到着したら、講堂や体育館が津波の浸水に対して安全であれば問題はないが、最悪の場合、避難所が浸水する恐れがある。そのときには一階ではなく上階の教室から優先的に入室する。さらに余裕のある時は、もっと高いところにある施設に避難する。

②各部屋の世話人を早急に決め、各人が自治体にいきなり苦情をいうようなことは避ける。そして、危険が去るまで、既述のように近地津波の場合は六時間、避難所で待機するように心がける。

③高校生以上の住民は、避難所の運営に協力する。たとえば、非常食の配給や避難者名簿の作成など、やらなければならないことは沢山ある。避難者はお客様ではないのである。そのために、事前の避難所運営訓練は必須となっている。

2　情報だけでは助からない

情報の泣きどころ——避難行動に結びつかない

災害情報の重要性は、阪神・淡路大震災で明らかになった。震災の起こる前後において存在する一〇〇を超える課題は、物理的課題、社会的課題と情報課題の三つに分類され、とくに情報課題は前二者の仲介的存在であることがわかった。この事実は、具体的には、災害情報の研究者は自然科学系の研究者および社会科学系の研究者と共同研究ができなければいけないということである。

ところが現状は、災害情報学という独立の学問分野があるわけではない。だから、自然科学もしくは社会科学系の研究者が災害情報も研究しているのが実情である。そのため、これらの分野融合研究が必須となっているが、これを実施している研究機関はほとんど存在しない。

一方、被災者になる恐れがある住民は、災害情報を行動に結びつけなければいけない。すなわち、災害情報の提供者とコミュニケーションする力がなければならない。今風のはやり言葉で言えば、災害情報リテラシーをもたなければならない。

このような事情があって、津波情報を「正確に、迅速に、詳細に」発信すれば、被害が激減するという単純なものでないことがわかる。これが情報の泣きどころである。このことから、二〇一〇年二月のチリ沖地震津波の来襲に際して、気象庁が発令した大津波警報や津波警報が実際に比べて過大であったというのは、それほど大きな問題ではない。むしろ、太平洋の沿岸部に住む住民が、避難勧告や指示にほとんど従わなかったことの方が深刻である。

最近、津波情報と避難行動の関係に対する新しい解析の切り口が示されてきた。それは災害情報の〝ダブル・バインド〟という視点である。社会心理学ではもはや古典に属する知識であるが、このような貴重な成果がやっと共同研究の土俵上に提供されるようになってきた。

その成果を津波避難に適用すれば、つぎのようになる。まず、「津波警報が発令されましたので、指定避難所にすみやかに避難してください」という避難情報が、市役所から発令されたとしよう。この情報の裏には、避難行動を阻む要素がある。

(1)避難は避難勧告が出てからやるもので、それを待たずして避難しなくてよい、という「情報待ち」の姿勢を容認する。

(2)市役所や町村役場には、このような情報を発信する役割があり、住民は、それを受けて避難を実行するのが役割であるという、「過保護と過依存」の関係性を強める。

（3）津波情報は地域防災計画や避難マニュアルに記述してある通りに出されており、疑いの余地はないという「押しつけ」を強要する。

（4）避難勧告に従わずに被災した場合、「自己責任の原則」に従って、責任は住民にあるという、わが国ではいまだ容認されていない考え方を期待する。

などである。これらの〝隠された〟メッセージが避難行動を阻害しているというわけである。

これらの障害の除去は容易ではない。一つの有力な方策は、「知識を体で覚えさせる」という行為である。すなわち、演習や訓練に積極的に参加して、頭と体で覚えることの大切さである。この両者が重要であって、まかり間違っても最初に津波の基本的な知識なくして、いきなりＤＩＧ(Disaster Imagination Game 災害図上訓練)をやらないことである。大学受験勉強もせずに、いきなり模擬テストを受けるようなものである。いくらテストを受けても、勉強をしないと実力がつかないからである。そして、津波防災教育の基本は、『命を失ってはいけない』ということである。命を失うと解決のつかない悲しみが家族、親戚、そして関係のあった人びとに生まれてしまうだろう。東日本大震災では、親を失った小・中・高校生は約一七〇〇人を数える。これら児童・生徒は一生、親が亡くなったという悲しみをもち続けなければならない。悲しみを解決する方法はないのである。

津波情報の活用の課題――とっさの判断を間違う

判断を誤ると行動も間違うから、最悪の場合には命を失う。そうならないように情報の活用の課題を挙げてみよう。

（1）津波防波堤などによるハード防災の限界の広報不足　まず、防災施設によるハード防災は限界があることが、案外知られていない。避難しなければならないのに、津波防波堤や海岸護岸があるから大丈夫だと思ってしまう。たとえば、高知県須崎湾の湾口防波堤（二〇一四年竣工）は、一九四六年の昭和南海地震（M八・〇）を想定したものであって、次にやってくると想定されているM八・四の南海地震津波やM九・〇の南海トラフ巨大地震を対象としたものではない。そこで、須崎市の一部では津波はん濫が起こるため、住民避難用のハザードマップが作られている。もし、被害の一部発生を容認する「減災」の代わりに、被害をシャットアウトする「防災」を実現しようとすれば、津波防波堤は大規模になり、当然、工事費（四六四億円）も工期（二九年）もさらに増大し、結果的に実現不可能になったと考えられる。

（2）津波警報などのソフト防災の限界の広報不足　緊急地震速報が利用できれば、最速二分で津波警報が発令される。しかし、いくら津波警報や避難勧告が早く発令されても、避難が間に合わない、つまり避難不可能地域が存在する。たとえば、南海トラフ巨大地震の震源に近い地域は一〇分以内に津波の第一波が来襲すると予測される。このような地域の住民は、自分で判断して緊急避難塔や津波避難タワーなどへ避難しなければ、犠牲になってしまうことになる。また、すでに津波常襲地帯の多くは、過度に情報依存型社会となっているために、情報提供をひたすら待つという姿勢が見られる。ハワイの過去の例のように、情報内容や提供方法の変更によって、新たな犠牲者が生まれる危険性があることが知られていない。

（3）広域津波災害に対する知識の欠如　津波による犠牲者はあまりにも多いために、直後の救援作業の地域的な粗密が起こらざるをえない。公助型の救助活動を頼りにしていても、非常に遅れることも起こるだろう。また、沿岸自治体全体が孤立するという問題もあり、このようなことは住民に知られていない。

（4）都市型津波災害への想像力不足　地震後、津波が来襲し、突然、地下空間や地下鉄に浸水が始まる危険性は利用者に理解されていない。未経験の災害現象に遭遇すると、人びとはどのように行動してよいかわからず、大きな犠牲を払うことになる。一九五九年の伊勢湾台風高潮災害では、住民の多くが河川の洪水はん濫と高潮はん濫の違いを事前に知らなかったということが、未曽有の人的被害を発生させた。高潮来襲時には、暴風雨の中を避難することは不可能なのである。

（5）市街地火災の発生と延焼危険性に対する理解不足　過去の事例から、津波がやってくると、浸水した市街地でも火災が発生すると考えてよい。とくに、臨海石油コンビナートや石油タンク基地と地続きの市街地では、前者で発生した火災や漏えいした石油類の津波による拡散によって、広域延焼火災の危険があり、速やかな避難が求められている。

地震対策を兼ねる

来襲する近地津波の高さが五メートルを超えるところでは、例外なく震度は六強以上と考えなければならない。すなわち、地震被害が先行する。ところが、そのようなところでは、地震対策と津波対策が、それぞれ別々に考えられている場合が多い。たとえば、避難路が全壊・倒壊家屋に塞がれてしまって、通行できないようなことが起こる。避難路が長くなるにつれてこの可能性は大きくなる。そこで、避難路を短くする努力が求められる。

わが国の津波常襲地帯では、多くの地域で少子化が起こっており、小・中学校の統廃合が進んでいる。現状を見る限り、新しい校舎は密集市街地を避けて、背後の山際に移動する傾向がある。したがって、避難所は遠くなり、しかも上り坂の連続である。これでは、海岸付近のとくに高齢の住民は安全に避難できないことになる。これを避けるには、たとえば、密集市街地の中心に、鉄筋コンクリート造の三階建て以上の校舎を建設し、津波護岸を兼ねた避難所を作ることも考えるべきであろう。

図3-1　三重県大紀町(旧紀勢町)に建設された津波避難塔

　これによく似た前例がある。図3−1は三重県大紀町(旧紀勢町)の津波避難塔(錦タワー)である。錦地区では一九四四年東南海地震時に、高さ六・五メートルの津波が来襲し、六四人が犠牲になった。この避難塔は、市街地の中心部に作られている。なぜなら、ここは河川を通して、東南海地震津波が真っ先に市街地はん濫を起こす地域だからである。建物の一階は消防署となっており、終日消防署員が常駐しているし、夜間は照明があって明るい。このタワーには外付けのらせん階段があり、五〇〇〇人の住民が避難できるようになっている。普段は津波防災の住民啓発用展示場として活用されているが、いつも人びとが訪れるわけではない。ここでの提案は、このタワーとは別に学校の校舎を建設しようというわけである。

近年、統廃合で新設した小・中学校の校舎が水没し、生徒が帰宅できないという現象が全国的に続出している。たとえば、二〇〇四年新潟県豪雨災害では、一一の小・中学校が水没し、生徒は一晩、校舎にいなければならなかった。建設コストを重視するあまり、生徒、職員の安全性が二の次になってしまったからである。発想を変えて、統廃合後の小・中学校の校舎を、密集市街地の中心部に作ることを提案したい。私たちは「子どもは社会の宝」と言いながら、実際には遠距離の不便で危険なところに校舎を建設するという愚を犯している。通学路が長距離になり、なおかつ、人の目につかないから、犯罪も起こりやすいのである。小・中学校をマルチ・ハザード型の防災拠点として活用すれば、その効用は非常に高くなると考えられる。

津波来襲時の要援護者

わが国の津波災害史上、多くの犠牲者が出た例では、ほとんどが地震直後に避難行動をしていない。避難行動した唯一の例として、一九九三年北海道南西沖地震時の奥尻島を挙げることができる。避難したきっかけは、一九八三年日本海中部地震で、青苗地区で二人の犠牲者が出たからである。しかし、二〇〇人を超える津波犠牲者が出ている。なぜ、出たのだろうか。津波の第一波が地震後三～五分で来たことと合わせて考えると、その理由は、つぎのように指摘できる。
（1）津波が想定を超える高さであったが、日本海中部地震津波後に作った防災用の鉄扉が、完全に閉じられていないものがあった。浜に出るたびごとに開け閉めすることが面倒であったから、ついつい半開き状態で放置されていた。
（2）多くの人が自動車で逃げようとして、丘に続く坂の手前で渋滞が起こった。
（3）隣近所や親戚に声をかけて避難を誘っている間に津波が来てしまった。
（4）鉄筋コンクリート造の住宅や公的施設は一棟もなかった。
（5）日本海中部地震では、地震の揺れが起こってから津波が来襲するまで、十分避難する時間的余裕があったが、今回はそうではなかった。しかし、住民はそのようなことを知るすべもなかった（前例を基本としてはいけないことを、この事例は教えている）。

健常者中心の避難でさえ、円滑に進めるのが難しいのであるから、そこに要援護者が加わるとさらに困難になる。しかし、積極策を見出してみよう。
（1）水門・鉄扉・陸閘などは面倒でも、使った後は閉めるようにし、常時閉鎖した状態にしておく。
（2）交通渋滞しないように、自動車を使う世帯をあらかじめ決めておき、これに要援護者を同乗させる。そして、訓練を重ねる。
（3）隣近所を訪問して避難を誘うよりも、逃げながら大声で避難するように呼び掛けた方が効果がある。
（4）公的施設は鉄筋コンクリート造とし、海側は窓なし構造にするなどの工夫をする。
（5）次にやってくる危険性のある津波の特性を事前の学習で学んでおく。地震後の津波来襲時間は、地震ごとに毎回変わると考えた方がよい。
なお、津波来襲までに時間的余裕がある場合は、洪水はん濫の避難と同じと考えてよく、つぎのような共通の課題がある。
① 防災関係部局と福祉関係部局等の連携が不十分であるなど、要援護者や避難支援者への避難勧告等の伝達体制が十分に整備されていないこと。
② 個人情報保護への意識の高まりに伴い、要援護者情報の共有・活用が進んでおらず、発災時の活用が困難なこと。
③ 要援護者の避難支援者が定められていないなど、避難行動支援計画・体制が具体化していないこと。

3　情報を避難に結びつける

津波警報・大津波警報

わが国では、津波の高さが二メートルを超える恐れがあるとき、警報が発令される。さらに、三メートル以上になる危険性があるときには、大津波警報が発令される。これには、根拠がある。

図3-2は、わが国と海外で発生した津波災害における集落単位の住民の死亡率と津波高さを示している。なお、海外のデータは、一九九八年パプアニューギニア津波災害に際し、地震の一五分後に津波が来襲したシッサノ・ラグーン周辺地と、一九九二年インドネシア・フローレス島地震津波被災地の値であり、いずれも不意打ちの津波来襲となった地区である。また、二〇一一年東日本大震災では数百のデータが追加されたが、ほぼ図中の二本の破線内に位置していることがわかった。

これから明らかなように、高さが二メートルを超える津波が来襲すると、犠牲者が発生することがわかる。序章の図(五ページ)に示したように、高さ二メートルの津波が市街地にやって

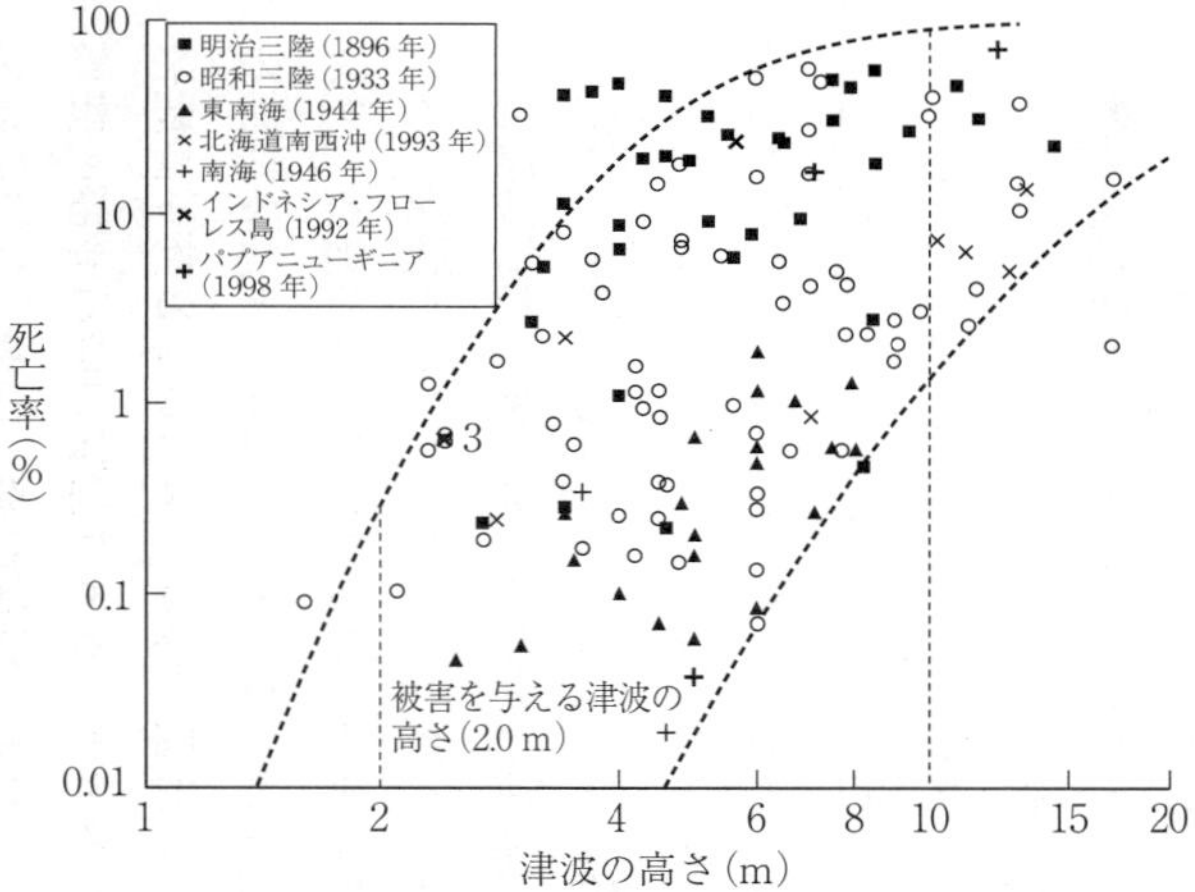

図 3-2　来襲した津波の高さと集落単位の死亡率との関係（図中の数字3はデータが重なっている）

くると、海から市街地に向かう土地の勾配にほとんど影響されることなく、かなりの距離を、浸水深が二メートル程度ではん濫が進行する。この「二メートル」という値が、これ以上では住宅が全壊する値であることは、第2章の津波の破壊力のところで説明したとおりである。そして、津波の高さが高くなるにつれて、早く逃げた場合と逃げなかった場合の死亡率の歴然とした差が存在することがわかる。たとえば、高さ一〇メートルの津波が来襲したとき、早く避難すれば、一〇〇人の住民中、一人の犠牲に留まる一方、避難しない場合には、九〇人以上犠牲になることをこの図は示している。津波は「逃げるが勝ち」なのである。

気象庁では、現在、緊急地震速報のデータが使える地域では二分で、それ以外でも三分で津波警報を発令できる体制にある。もちろんこのようなシステムはわが国にしかない。一方、津波来襲危険性のあるアメリカ合衆国では、どのようになっているかといえば、典型例をハワイ州の遠地津波と近地津波情報に見ることができる。

まず、遠地津波の場合である。太平洋縁辺域で発生した津波はおよそ四時間から一五時間でハワイに到達する。したがって、まず、地震が起これば、太平洋津波警報センターでは、①ただちに津波情報が携帯メールなどで連邦、州、郡政府の防災関係者に伝達され、②到達する六時間前に、津波監視情報が発令され、危機管理センターが活動を開始し、③同三時間前に、サイレンやテレビ、ラジオのメディアを通して津波危険地帯の住民や観光客に避難を呼びかけ、④同四五分前に津波危険地帯への道路が警察によって封鎖される。

一方、近地津波は二分から四〇分以内に来襲する。この場合は時間的余裕がないために、右の①から④が同時に進行する。これでも不十分であることから、ハワイ州政府は、強い揺れを感じたら海岸から離れるように、広報活動や教育等で周知徹底を図っている。

これら遠地津波と近地津波を対象とした防災体制におけるわが国との違いは、来襲する津波の高さについては明示しないということである。したがって、わが国の大津波警報に相当するものはない。

ここで、ハワイ州で採用されている警報システムを紹介したのは、理由がある。それは、つぎに示すような、わが国の警報システムの課題を見出すためである。

(1) 津波の高さを情報発令の基準としているために、必ず予測精度が問題となる。しかし、精度の改善は人的被害軽減の必要条件ではあっても、必ずしも十分条件ではない。

(2) 津波警報が住民避難と直結していないために、両者の間にタイムラグが生じ、避難行動が遅れる危険性がある。

(3) 津波警報や避難勧告が住民に届く前に津波が来襲する危険性がある場合に対し、住民への広報活動や教育が義務付けられていない。

(4) 気象庁、自治体、警察、消防の間で住民・観光客などの一時的滞留者対策における連携体制が確立していない。

とくに、(4)は早急な改善が求められていることを付け加えておきたい。

津波避難勧告・指示

マグニチュードが八に達するようなプレート境界地震が起これば、揺れは間違いなく一分以

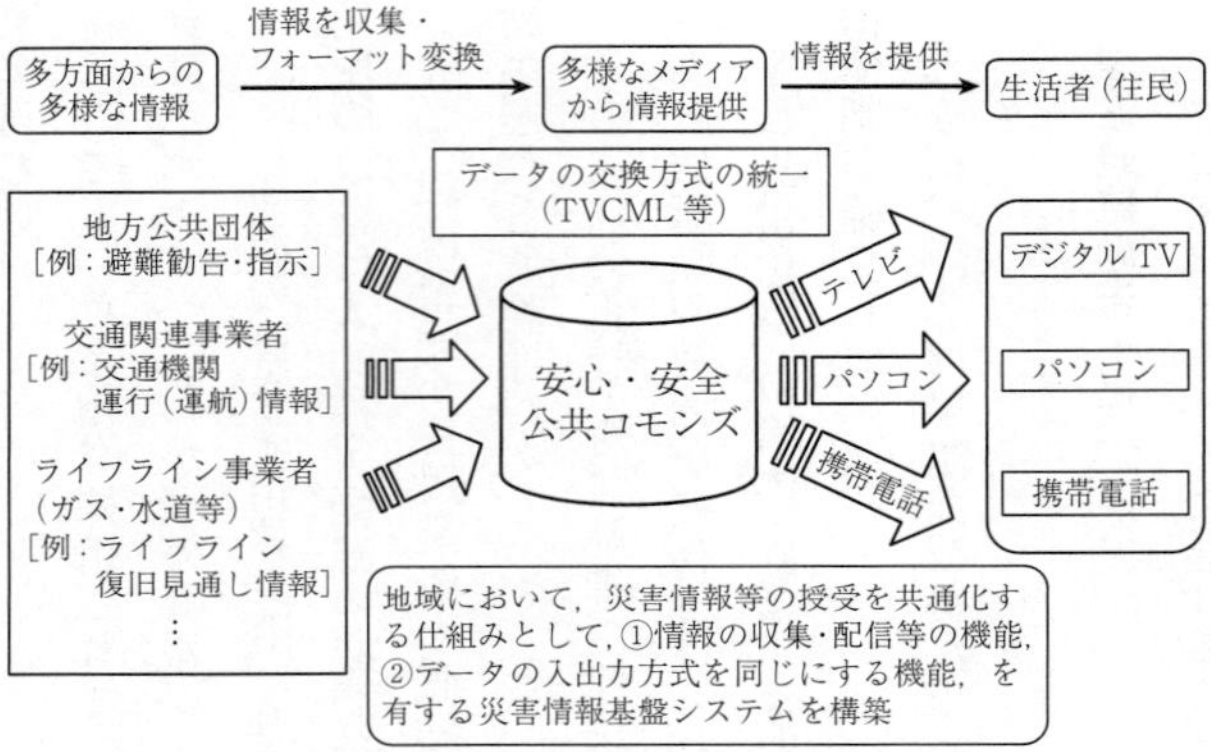

図 3-3　公共コモンズとの連携による緊急速報メール(エリアメール)の活用(総務省の報告書より)

上続く。しかも、立っておれないような激しい揺れの場合は、すぐに津波が来ると思わなければならない。また、必ず津波は過去にも発生しているはずである。津波来襲の歴史はくり返すのである。

ここで述べたようなことが起これば、避難勧告や指示を待つのではなく、自分で判断して、家族と一緒にすぐに避難するのがよい。

強い地震の揺れで瞬時に停電すれば、テレビでの情報入手は不可能となってしまう。最近の洪水災害の事例を紹介しよう。二〇〇九年八月九日に兵庫県佐用町で集中豪雨災害が発生した。この災害で二〇名の死者・行方不明者を数えたが、全町に発令された避難勧告を聞きましたかという問いに対して、住民の七二パーセント(四四六人)が聞いていないと答え、全戸配布済みの個別受信機(防災無線)の放送を聞いていないと回答した割合は六三パーセント(三八七人)であった。個別受信機の欠点は、事務所や店舗などには設置されていないことや、自動車での移動者や観光客には伝わらないということである。また、登録制の携帯電話メールでも、これらの欠点のほかに、人数が多くなると送信に時間がかかるという問題が起こっている。

このように、いずれの媒体でも問題は発生しており、新しく開発された方法と同時に、従来のテレビやラジオ、防災無線や固定電話といった方法との併用が必須となっている。今後の対策の中で、図3-3に示すような「安心・安全公共コモンズ」の構築が中心となろう。これは、自治体職員の負担を軽減しながら、複数の媒体で、防災情報を住民に伝える仕組みであり、とくに緊急速報メール(エリアメール)の活用が爆発的に進むと考えられる。

緊急速報メールとは、地域内の全携帯電話に一斉通報を行う仕組みであり、輻輳する心配がなく、短時間で一斉に配信することが可能である。その利点は、つぎのようである。

(1)地域住民に加えて、観光客や自動車による移動者にも配信が可能
(2)即時かつ同時に避難勧告や指示の配信が可能
(3)事前登録が不要でアドレス管理も不要
(4)ポップアップ画面が現れ、専用の着信音とバイブレーションで通知

一方、短所としては、以下のことが指摘されている。

（1）電源オフや圏外のときは受信不可

（2）通話中やメール通信中は受信不可

二〇一七年現在、緊急速報メールは、全国の一七〇〇を超える自治体等の九〇パーセント以上で導入しているが、すでに、二〇一〇年のチリ沖地震津波の際にはその有効性が立証された。たとえば、奄美大島の宇検村（九八五世帯、一七七一人）では、五回のメール配信が行われ、認知率は八〇パーセントと高く、六〇パーセント以上がすぐに覚知している。また、メールを転送している人も多いことがわかった。とくに内湾の船上への伝達も行われており、将来、出漁中の漁船への伝達も視野に入れた対応が可能となるだろう。

ハザードマップ

わが国では、予想される近地津波が来襲した場合、浸水するエリアや浸水の深さを等深線や色別に表示した地図を、津波ハザードマップと呼んでいる。さきに述べたように、二〇一五年現在、五六〇市町村で津波ハザードマップが作成され、インターネットで公表されている。同図には想定される地震のマグニチュードや第一波の到達時間、高さなどの情報も記述してあるものが多い。

ただし、はん濫が時間的にどのように推移するかわからないので、その点に注意する必要がある。たとえば、津波は、まず最初に河川の河口部から遡上しながらやってくる。したがって、河川下流部のとくに河口付近は危険であり、川から遠ざかる方向で高台に向かって避難することが大切である。

津波ハザードマップは事前に見て、学習しておく必要があるが(たとえば、避難路を歩くとか、夜間の場合を想定して目印を確認するとかの作業)、なかなか活用されないという問題がある。そこで、たとえば東南海地震時の津波が心配な三重県のように、尾鷲市をはじめ五カ所で津波シミュレーションによるCGが作成され、すばやい避難を住民に訴えている。しかし、これを津波常襲地帯の集落のすべてに用意するには多額の経費が必要であり、各集落で準備することは困難であるという問題がある。やはり、津波ハザードマップを用いてコミュニティ単位で避難訓練をくり返すことがもっとも大切な取組みであるといえる。

津波ハザードマップの最大の問題は、これが高潮ハザードマップや洪水ハザードマップとどこが違うのかということが、ほとんどの住民に理解されていないことである(津波常襲地帯は、高潮や洪水の常襲地帯と重なっていることが多い)。いずれも最大浸水域を示す図であるから、それらの違いがわからないのである。したがって、津波ハザードマップを微に入り細に入り作り込んだものが公表されているが、避難に対してはむしろ逆効果であって、住民の行政依存をますます助長しかねないと言っても過言ではない。津波ハザードマップを配布しただけでは効果はあまりないことを知らなければならない。そのためには、ハザードマップを囲んで勉強することが必要なのである。前述した、各種ハザードマップの問題点は、つぎのように指摘できる。

(1) 津波ハザードマップ　紙ベースの図は、最終浸水深を示したものであって、その過程では高速のはん濫流が発生する地点がある。しかも、津波の第一波と第二波では異なるなどの知識は、住民にはほとんど伝わっていない。したがって、発生するはん濫流の最大速度やそのときの流向の情報が最低限必要となる。津波による被害は、深さよりも流れによって発生する場合が多いことを考えなければならない。しかも、実際には全壊家屋の残骸や家具類、自動車や漁船・船舶が、はん濫流と一緒に市街地を襲うことに注意する必要がある。

(2) 高潮ハザードマップ　高潮の持続時間は津波や洪水に比べてはるかに長い。したがって、市街地ははん濫中も海面の高さは増加する可能性があるから、はん濫流は大きな運動エネルギーを長時間にわたってもつことになる。一九五九年伊勢湾台風高潮災害で五〇九八人も犠牲になったのは、このことが住民に理解されていなかったからである。近年、大きな高潮災害が発生していないことや、高潮常襲地帯における高潮対策事業が終わっていることもあって、高潮ハザードマップを用意している自治体は極めて少ない。しかし、地球温暖化とともに脅威を増す傾向がある。今から準備が必要である。

（3）洪水ハザードマップ　浸水危険性に対する理解と避難勧告の対象となる住民の多さとのアンバランスがいまだに解消されていない。避難勧告の対象人口が数十万人に対し、実際に避難した人は数十人というような現象が、全国各地で起こっている。河川が増水し、洪水はん濫すると、どこがどのように危険であるかということが住民にほとんど理解されていない。ハザードマップが完成したら、それを理解するために、ワークショップに住民全員が参加するような仕組みを作らなければならない。自治体がいくら精緻にハザードマップを作っても、それが実際に住民避難につながるわけではない。

第*4*章

津波が来たらどうする？

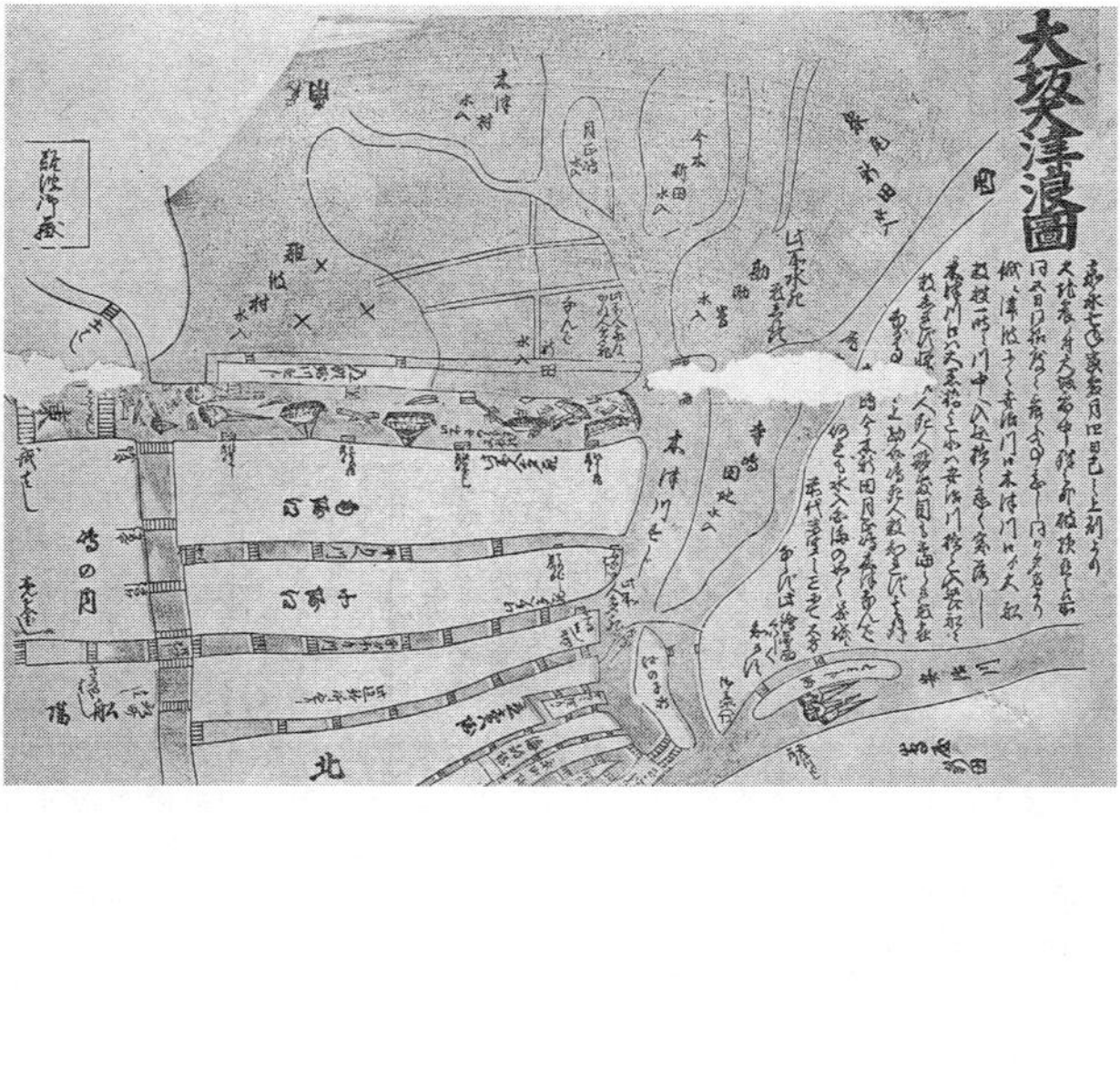

「大坂大津浪図」：1854 年の安政南海地震の津波による大阪市内のはん濫状況をイラスト風に表した絵図．はん濫域は薄青色に着色されている．絵図に書かれた文章は，津波と一緒に大船が川筋に入り込み，一面が海原のようになったこと，多くの落橋があり，死人がたくさん出たと記されている(実際には，落ちた橋は 11 を数え，寺院過去帳に記された死者は約 880 人にのぼり，1,800 隻余の大小の船が難破した)．

1　もしも東京に大津波が来たら……

一九二三年関東大震災では、相模湾沿岸の三浦半島から小田原にかけて、そして房総半島の先端付近に大津波が来襲したことがわかっている。逆断層型の地震で津波が発生したわけであるが、東京や横浜の犠牲者の大部分が焼死者であり、津波による正確な犠牲者数はわかっていない。鎌倉や逗子の海岸に数メートルの高さの津波が来襲したという証言もあり、海岸付近で遊んでいた人たちも犠牲になっていることを考えると、数百人は下らないと推定される。

したがって、関東大震災と同じタイプの地震発生の危険期に向かう現在、津波対策は必須であり、震源の位置や深さによっては東京湾内で大津波が発生する危険性も無視できない。さらに、現在、発生が危惧されている首都直下地震である東京湾北部地震でも、津波が東京湾で発生しないと断言できない。そこで、もしも東京に大津波が来たらどうなるかを検証してみよう。

なお、本章の考察は、つぎの検討結果に基づいている。すなわち、二〇〇五年に発生したハリケーン・カトリーナ災害を契機に、東京湾の高潮はん濫と利根川・荒川の洪水はん濫を対象として政府に検討委員会が設置された。一つは、国土交通省港湾局を事務局とする「高潮による大規模浸水事態検討ワーキンググループ」であり、他の一つは中央防災会議に設けられた「大規模水害対策に関する専門調査会」である。筆者は、それぞれ座長および副座長として四年近く検討してきた。また、津波はん濫解析についても筆者は十分な研究実績を有している。本章は、そうした洪水、高潮、津波のアナロジー（相似性）をふまえての考察である。

市街地はん濫の恐怖

一九五九年に伊勢湾台風高潮災害が発生し、愛知、三重県を中心に五〇九八人が犠牲になった。なぜ、これほどの人的被害が発生したのか、その理由を種々検討する中で、つぎのことがわかった。被災地の住民のほとんどは、高潮はん濫の怖さを理解していなかったことである。被災地は木曾、長良、揖斐川が作った沖積平野のゼロメートル地帯（満潮のときに海面下にある地域）で発生したので、河川の洪水はん濫や内水はん濫は経験したことがあったが、このような大規模な高潮はん濫災害は初めてであった。当時の記録から、住民は大型台風が接近していることは知っていたことがわかっている。しかし、暴風と高波を伴った深夜の高潮はん濫の恐怖は、住民を圧倒し、未曽有の災害となった。

図4-1は、東京湾において高さ三メートルの高潮がはん濫したときの浸水域を示す。津波は高潮と違って、第2章の図2-4に示したように、海底から海面までの水粒子が運動しており、はん濫後は高潮よりも浸水域が広がる(この図は、水粒子が運動していない場合の浸水域と近似的に考えてよい。これをレベル湛水と呼ぶ)。

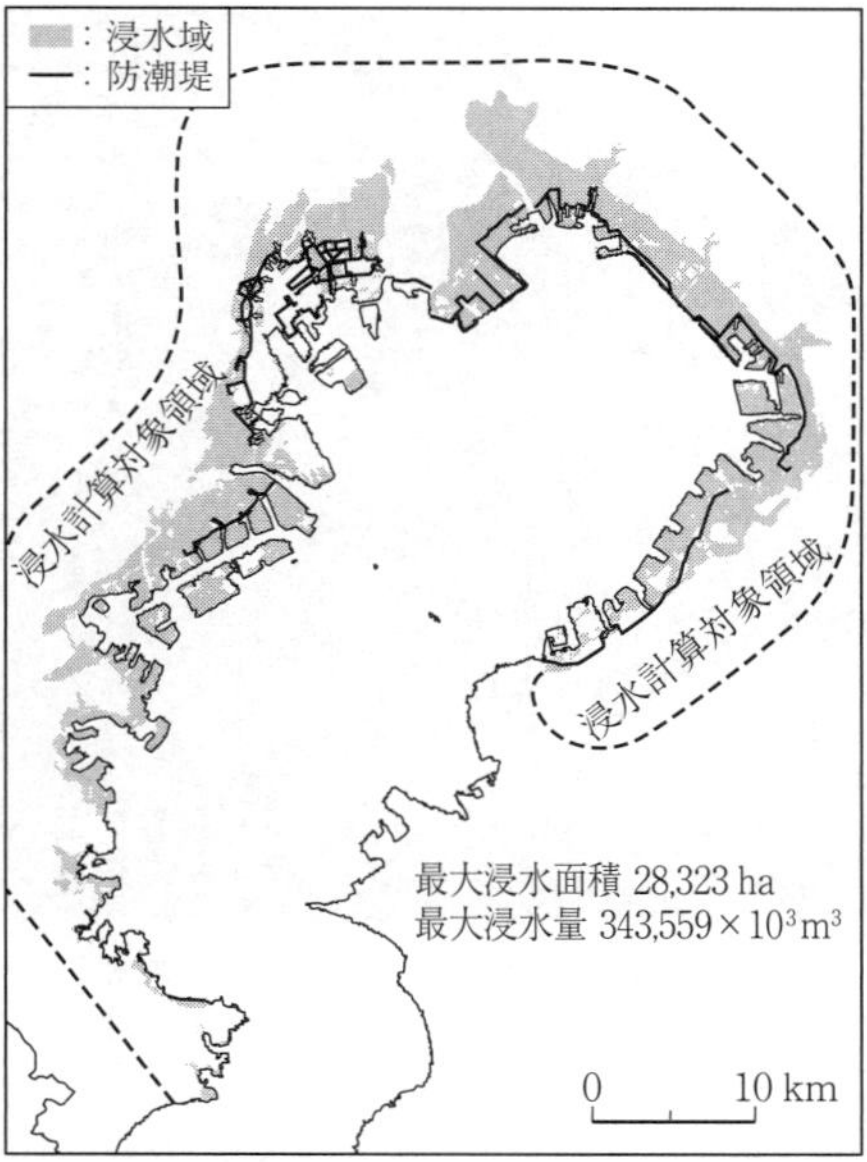

図4-1　東京湾の満潮時に高さ3mの高潮が来襲した場合の浸水域図(最大浸水面積：約28,000 ha，最大浸水量：約3.4億 m^3)

では、一体、市街地はん濫の恐怖はどこから来るかを、つぎに示してみよう。

(1) 東京湾に津波が来襲すると、埠頭や桟橋に係留中の船舶がこれらに衝突したり乗り上げたりして、あるいは直接、津波によって施設の破壊や燃料タンクの破損から火災が発生する危険性がある。比較的小規模の石油タンクが、

図 4-2　アラスカ地震時に地震と津波，液状化によって被災し出火したアラスカ州スウォード市の惨状(アメリカ合衆国地質調査所専門論文 542-E による)

津波によって移動破壊した例は、一九四四年東南海地震をはじめ、一九四六年南海地震、一九六〇年チリ津波、一九八三年日本海中部地震でも発生している。

破損した石油タンクからの石油の漏出と火災例は、一九六四年の新潟地震である。一九六四年アラスカ地震では、アラスカ州スウォード市で地震と津波(高さ九メートル)で破損した石油タンクから漏出したガソリンに引火し、臨海地帯が全焼した記録がある。図4―2はその空中写真であり、画面下の鉄道駅の破壊の様子や散乱する客車、焼けた市街地が写っている。なお、臨海地帯は地震と同時に約一メートル地盤沈下し、図中の白線より海寄りでは液状化で側方流動が発生して、海側に傾斜したと報告されている。

また、二〇メートル以浅の海域を航行中の船舶や停泊中の船舶は、津波と一緒に陸に向かい、海岸護岸や水門・鉄扉・陸閘などの海岸施設を破壊して（地震の強い揺れでこれらの施設はすでに破損していることも考えられる）、ここから津波はん濫が始まる危険がある。つまり、どこから津波はん濫が始まるのかは、起こってみなければわからないという恐怖が存在する。そして、東京湾に流入する江戸川、荒川、隅田川、多摩川などに河口から津波が進入するので、これに伴って小型船舶も一緒に遡上し、橋などが破壊される。

（２）まず、津波はん濫が最初に襲うのは臨海コンビナートである。津波のはん濫水もしくは一緒に移動する船舶が、石油精製施設、化学物質合成施設やそれにつながるパイプ群を破壊し、ここから出火する危険がある。もっとも怖いのは致死性の有毒ガスの漏出である。津波が原因ではないが、インドのボパールで一九八四年に悲劇が発生した。それは、アメリカ合衆国に本社があるユニオンカーバイド社の工場から真夜中に何らかの原因で有毒ガスが漏出し、地域住民約一万五〇〇〇人が犠牲になったというものである。このような被災過程は残念ながら、施設設計では考慮されていない。

（３）ゼロメートル地帯は一面の海原になって、はん濫水の流速が一向に遅くならない。このはん濫では、船舶はもとより壊れた住宅や家具、倒れた街路樹や車も一緒に移動するので、極めて大きな破壊力をもっている。このような移動状態が断続的に六時間は続く。津波のはん濫が怖いのは、河川の洪水はん濫と相違して、海水は無尽蔵にあり、はん濫しても海面が低下しないことに起因する。しかも、津波は数十分ごとにくり返し来襲するから、はん濫水や漂流物の移動方向は時間的に逆転をくり返すことになる。

地下空間水没

筆者はかねてより『水は昔を覚えている』と主張してきた。昔、海だったところや湿地帯だったところに市街地などが発達しても、いったん、洪水や高潮、津波はん濫が起こると、昔に戻って、また海や湿地帯に戻る。明治維新後、鉄道が敷設される過程で、大きな駅の用地が旧市街地内に確保できず、その縁辺に作られた。たとえば、ＪＲ東京駅の「八重洲」や大阪駅の「埋田」(今は梅田というように漢字が変わってしまった)はそれを如実に示している。

東京メトロおよび都営地下鉄の駅の中で、ゼロメートル地帯あるいは江戸時代に湿地帯や海中に位置していたことになる駅は約七〇を数える。これらのどの一駅から地上の津波はん濫水が地下空間に浸入しても、七〇の駅どころか、ほかの駅まで水没する危険がある。たとえば、荒川の上流に二〇〇年に一度の大雨が降って、河口から右岸二一キロメートル地点（ＪＲ東日本京浜東北線橋梁）で洪水はん濫が起こると、最終的には九七の駅が水没する（それぞれの駅の地上との連絡口に、高さ一メートルの止水板が設けられていると仮定）。これは地上のはん濫水がそれぞれの出入り口から浸入するだけでなく、地下鉄網を介して浸水路線が拡大し、水没するためである。

たとえば、大手町駅では五本の地下鉄が立体交差しており、いずれかの路線が水没すればほかの四路線に拡大するのは必定である。もちろん地下鉄ネットワークには一〇カ所に水門が取り付けられており、浸水の拡大を短時間止めることが期待される。しかし、逆に一〇カ所も水門があるのは、地下鉄空間の水没はありえないことではないことを示している。

事実、二〇〇二年のヨーロッパ大水害では、チェコ・プラハの三つの地下鉄路線のほぼすべての駅が、河川の洪水はん濫で水没した（図4‐3）。このとき降った雨は、五〇〇年に一度の大雨で、市内を流れるブルタブ川（モルダウ）から溢れたはん濫水が、地上出入り口から浸水し、地下鉄の全面復旧に六カ月を要した。

わが国でも、集中豪雨やゲリラ豪雨による地下鉄浸水は、東京、名古屋、福岡で局所的に発生しており、決して起こらない災害ではない。これらは局所限定型の洪水はん濫であるが、東京の津波の場合は広域はん濫となり、複数の駅が水没する危険があるといえよう。

したがって、対策を講ずることは容易ではないが、せめて地下鉄などの地上出入り口が東京湾平均海面(T.P.)上どれくらいの高さがあるかということを、地下鉄利用者や周辺地域住民に知らせる努力が必要である。その数字を記した銘板を設置することも一案だろう。

そして、これまで起こっていないからといって油断してはいけない。私たちは洪水、高潮、津波がはん濫する危険な東京に世界最大の人口をもつ都市を作ってしまったのである。対策が伴わなければ、相変わらずの災害先行型の国

図 4-3　2002 年ヨーロッパ大水害で水没したチェコ・プラハ市内の地下鉄駅の修理

になってしまうだろう。

長時間の湛水

東京首都圏ではん濫災害が起こった場合、一番困難な課題は、長期の湛水問題であろう。私

たちは過去に長期湛水を経験している。それは、再三述べている一九五九年伊勢湾台風高潮災害である。この災害では、伊勢湾に面した愛知県から三重県にかけてのゼロメートル地帯が最長約五〇日間水没した。そこに、国道一号線が通っており、災害対応から復旧事業が難渋したことがわかっている。昔も今もライフラインの中で道路が最重要であることは変わりない。

このときは、国道の両側にドラム缶を並べ、その間に土砂を盛土して、暫定的に道路が利用できるようになって、初めて本格的な災害対応が進捗し始めた。ただし、当時、長期水没したのは大半が田園地帯である。ところが、首都圏のはん濫災害では市街地の長期湛水が心配されるのである。しかも江東ゼロメートル地帯では、地下水の過剰くみ上げと地下水に溶けた天然ガスの採掘が原因で、過去にわが国最大の四・五メートルという累積沈下量を経験しており（地下水採取規制によって地下水位が回復しても、下がった地盤は上がらない）、長期湛水のみならず浸水深の増大が大変心配である。下手をすると住宅の三階も水没する危険がある。この特性は洪水、高潮、津波のはん濫では共通である。

たとえば、荒川右岸の河口から一五キロメートル近い地域の荒川区を北限として、この地域の洪水はん濫原であるゼロメートル地帯は台東区、墨田区、江東区、江戸川区、荒川区、足立区、葛飾区などの約一二〇平方キロメートルに広がっており、津波はん濫が起これば二週間以上、湛水が継続する危険性がある。このような長期湛水において、どのような問題が発生するかということをまとめると、つぎのようになる。

（1）個人・家庭・地域　生活環境の維持が極めて困難

- 住宅の電気、通信、上下水道、ガスの途絶により避難生活継続が不可能
- 広域浸水のため救援物資の遅れ
- 要援護者に対する各種支援の継続不可能
- 家庭内に備蓄した水・食料・簡易トイレ・日常品の枯渇
- コミュニティ活動の長期停止
- 長期湛水による住宅・施設の腐食の進行

（2）学校・企業・自治体・病院・福祉施設　活動の停止や施設内での孤立

- 長期休校措置による教育の遅れ
- 長期停電による電子機器、電話等の使用不能による企業活動停止
- 通学・通勤が不可能
- 自治体のあらゆる住民サービスが長期中断
- 送水、トイレ使用、空調、エレベータ・エスカレータの停止

・搬送困難な入院患者や寝たきりの入所者の病院・施設内での孤立
・受電施設の浸水による停電の長期化に伴う機能回復不能
・医薬品などのあらゆる備蓄物資の不足

また、電力などのライフラインに関しても、大きな課題が発生する。ライフライン企業が責任を担っている区間やネットワークが比較的早く復旧しても、施設、建物、住宅内の被害復旧は所有者にゆだねられており、これが原因で支障が長期化する恐れがある。

広域避難

東京首都圏のゼロメートル地帯は面積が約一二〇平方キロメートル、人口が約一八〇万人に達する。津波や高潮の場合は、利根川や荒川などの河川の洪水と相違し、東京湾沿岸のゼロメートル地帯全域が水没する危険がある。とくに、高潮のピークが一波で、高潮位がおよそ一時間程度継続するのに対し、津波の場合は数十分単位で約六時間来襲をくり返すという相違がある。そのため、津波はん濫では、一度市街地に浸入したはん濫水が十分、海に戻る前につぎの津波がやってくるという問題が発生する。そうなると、市街地の浸水は経時的に増加の一途をたどり、浸水深が深くなるという危険が存在する。

このように、高潮と津波でも浸水過程は大きく異なるので、いずれの浸水に対しても住民が初体験の場合、未曽有の人的被害に結び付く可能性があるといえる。したがって、そうならないためには早期の避難が必須となるが、ここに広域避難という新たな課題が立ちふさがる。

これまで、津波による避難勧告が発令された場合、住民が避難しないことが大きな問題であった。自治体は、住民が避難しないために、この問題に直面することはなかった。しかし、一〇〇パーセントの住民が避難するとなった場合、指定避難所が足りないという問題が発生する。これは高潮や津波はん濫時の東京のゼロメートル地帯だけの問題ではなく、名古屋や大阪のゼロメートル地帯でも起こる問題である。

ゼロメートル地帯が津波によって長期湛水した場合、そこに一〇〇万人を超える避難者が長期滞在できるかといえば、答えはノーである。その理由は、すでに具体的に説明した。そうすると、浸水していない他の地域に応急的に二次避難する必要がある。それも隣接する自治体だけでは不十分で、広域で一〇〇万人単位の住民避難が必要となる。

図4-4は、広域避難時の解決が困難な課題である。この中で最も困難な課題を見出すために、具体事例を設定した。それは、荒川の洪水はん濫事例を参照して、仮に津波によって二週間以上浸水が継続する五〇平方キロメートル、約六〇万人が避難しなければならないというも

1. 大量避難者の収容施設・場所の確保
2. 大量避難者とペットの移動手段の確保
3. 政府，自治体の負担・責任範囲の明確化
4. 浸水地域の防犯(とくに，強制避難が不可能な場合)
5. 大量の生活必需品の確保
6. 避難所となる学校運営への支障の解決
7. 避難者の子どもに対する学校教育
8. 避難先地域の住民の協力
9. 非被災地に対する災害救助法の適用

図 4-4　100 万人単位の住民の広域避難に伴う課題

のである。そうすると、一番の難問は、場所の確保であることがわかる。東京都には公立の小・中学校が合わせて約一九〇〇校あるが、分散して滞在させるにしても、平均約三二〇人の避難者を収容する必要がある。ただし、六〇万人すべてが避難所へ行くわけではない。そこで、阪神・淡路大震災のときのように、被災者の一四パーセントしか避難所に来なかった(地震直後から四〇日間の平均値)ことが参考になる。これと同じ条件であれば、東京の広域避難では、約八万四〇〇〇人の避難住民を収容すればよいことになる。

これから得られる結論は、明らかである。つまり、避難者の自助と共助がなければ、広域避難は不可能だということである。このような広域避難の経験は、わが国ではまだない。したがって、現状で起これば大混乱し、それに起因した人的被害が増大することが心配される。

しかも、現在のように市町村長の各自の判断で避難勧告を

出すようなシステムでは、つぎのような問題が必ず起こるだろう。

（1）自動車による避難が先行し、交通大渋滞が発生する。そこを津波はん濫が襲う。

（2）指定避難所が床上浸水し、そこに避難してはいけないことになっているのに、住民は事前にそのことを知らず、避難しようとして初めてそのことに気づく。結局、どこに避難してよいかわからないので、立ち往生して被災する。

（3）マンションの階上の住民は、自分たちは安全と考えて避難しない。しかし、そこに救援物資が届くような仕組みがない。つまり、自宅に長期滞在することが不可能であることに初めて気づく。

（4）浸水地域を立ち入り禁止区域にしないと、救助・救援活動に支障をきたす。また、浸水した企業、商店、住宅で盗難などの犯罪が頻発するようになる。

このように、現在考えられるだけでも広域避難には多数の課題があり、それらに対する包括的な解決策を考える時期に来ているといえよう。

津波火災

津波は水による災害であるが、直後に火災を伴う場合が多い。明治以降に起こった津波による主な市街地火災は、以下の通りである（市町名は旧名を含む）。
一九三三年昭和三陸津波　岩手県大船渡町、田老村、釜石町
一九四六年昭和南海津波　高知県中村町
一九九三年北海道南西沖地震津波　北海道奥尻町
二〇一一年東北地方太平洋沖地震津波　宮城県石巻市、気仙沼市ほか

なお、市街地出火の原因が漁船にある可能性も指摘されている。一方、一九六四年新潟地震のように、石油タンクが地震で被災し、そこに津波が来襲して漏れた石油類が拡散して出火した例もある。海外でも、前述した一七五五年リスボンの津波では、五日間も市街地火災が続き、地震や津波で残った建物を焼き尽くしたといわれている。

もし首都圏に津波が来襲した場合、出火する原因は、①石油コンビナートの地震と津波による損傷、②津波による被災船舶からの燃料油の漏出、③石油ストーブや暖房器の破損、④溶鉱炉などの高温反応炉の浸水による爆発、⑤停電による低温貯蔵中の化学物質の常温発火、などが考えられる。

そこで、首都圏で一番起こりやすい①による火災を取り上げてみよう。首都圏で地震によって津波災害が発生する原因としては、プレート境界地震が考えられる。この地震の大きな特徴

図4-5　1999年トルコ・マルマラ地震によって火災が発生したチュプラ製油所の石油タンク群の残骸

は、内陸直下型地震と違って、地震エネルギーの卓越周期がやや長く、数秒程度ということである。つまり、長大な構造物ほど共振が起こりやすいのである。そこで問題となるのは、石油タンク群である。石油タンクが地震で揺れた場合、内部の液体がスロッシング（水の入った容器を揺らすと水面が上下し、波立つ現象）という現象を起こすことが知られている。その周期は液面の深さとタンクの直径で決まる。

図4-5は一九九九年トルコ・マルマラ地震時の火災によるチュプラ製油所（総貯蔵量は八六万トンでヨーロッパ七位の規模）のタンクの焼損状況である。このプレート境界地震は横ずれ型の北アナトリア断層の活動によるもので、本来ならば津波が発生しないはずであった。しかし、急勾配の海底斜面が崩落して津波が発生し、最大高さは五メートルに達した。製油所の一二基のタンクと周囲のパイプ類が地震と津波で破損し、火災の痕跡が生々しかった。

これと同様なことが、二〇〇三年十勝沖地震時に苫小牧市の西港と東部に位置する容量五〇〇キロリットル以上の石油屋外タンクで発生した。震度五弱の揺れで三二二基の石油タンク中、一七三基、五四パーセントに被害が発生した。その中の二基で火災が起こった。一基は浮き屋根式の原油タンクで、貯蔵量が三万一〇〇〇キロリットルであった。一基目の消火活動を終えた段階で、化学消火剤の備蓄がなくなっていた。二基目の同じタイプのナフサタンク（出火時容量は二万七〇〇〇キロリットル）から出火したとき、消防隊はタンクが過熱しないように水をかけていただけであった。

このことが反省材料となって、わが国の大規模石油コンビナートでは、石油火災消火用大容量泡放射砲による消火システムの設置が義務付けられた。しかし、このシステムは、地震のない欧米で開発された車載・けん引型の重量消火装置であり、わが国では、地震時に液状化が起こりやすい臨海コンビナートの道路を移動・運搬できない事態が発生する可能性がある。

東京湾臨海コンビナートには、貯蔵量が五〇〇キロリットル以上で、耐震診断を未受診、あるいは耐震補強未施工のタンクが約一八〇〇基ある。石油タンクの耐震化が遅々として進んでいないのが現状である。したがって、このタンク群から発火して市街地延焼火災につながる危険性が大きいことを指摘しておきたい。

2　避難しないと何人犠牲になる？

津波による人的被害の計算方法

ここで紹介するのは、政府の中央防災会議で用いられている計算方法であって、二〇一一年東日本大震災時の津波の高さと死亡率の関係（フラジリティ・カーブ）などを適用して、将来発生する南海トラフ巨大地震に対して実際に適用されている。いくつかの前提条件が、つぎのように設定され、また補正されている。図4-6は、犠牲者数の算定のフロー図である。

（1）津波浸水域において津波が到達時間（浸水深三〇センチメートル以上）までに避難未完了だった者は津波に巻き込まれたものとし、そこでの浸水深をもとに死亡か負傷かを判定する。つぎに、①避難行動（避難の有無、避難開始時刻）、②津波到達時間までの避難完了可否、③津波に巻き込まれた場合の死者発生率の三つに分けて設定する。なお、揺れによる建物倒壊に伴う自力脱出困難者も避難未完了とする。

（2）津波の高さに応じた死亡率を採用する。データは二〇〇四年スマトラ島沖地震津波における、インドネシアのバンダ・アチェのものである。このデータは、逃げたが避難しきれな

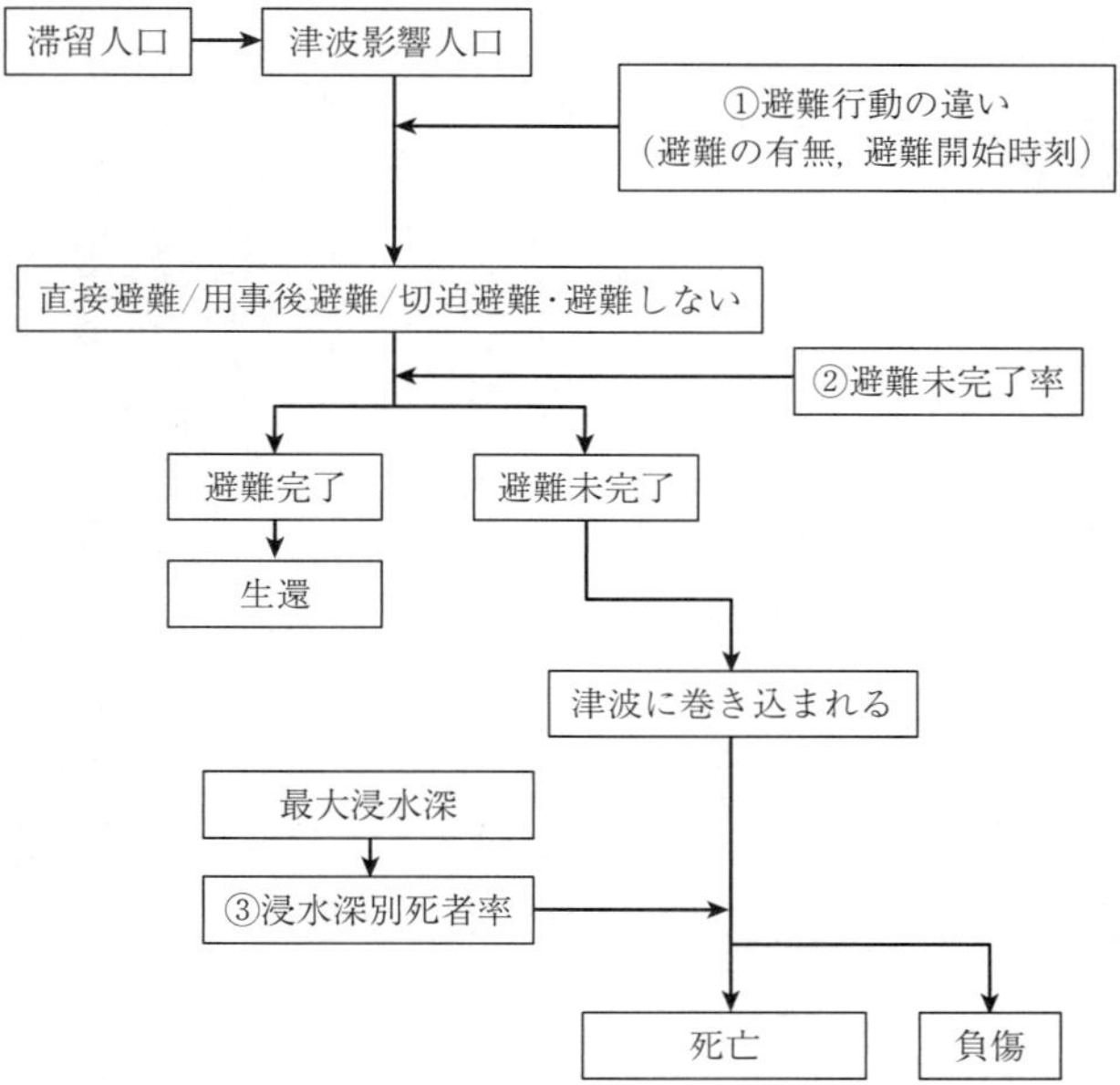

図 4-6　津波による犠牲者数の算定のためのフロー図

かったり、切迫避難あるいは避難しなかった状況に近いと推察できるからである。また浸水深別の死者率関数は、浸水深三〇センチメートルで死者が発生しはじめ、浸水深一メートルでは、津波に巻き込まれた人のすべてが死亡すると仮定したものである。

（3）津波の第一波の到達時間による被害の変化を考慮する。津波の到達時間が遅くなればなるほど避難場所への避難が可能となるので、補正する。昼間や夕方には、住民避難は地震発生の一五分後までに終わると仮定する。ただし、震度六弱以上あるなど、避難が困難である地域では三〇分程度要すると考える。なお、就寝時には避難開始までの時間が五分遅れるものとする。地震で道路が閉塞され、逃げ遅れが発生する場合は、避難の時間変化を考慮する。

（4）地震後津波が来襲する複合災害となった場合（津波到達時間が六〇分以内と仮定）、津波浸水エリア（浸水深が一メートル以上）で、重傷者や要救助者は、逃げることが困難なことから、死者として計算する。

（5）海岸堤防や護岸の損壊による補正を行う。震度六強以上の地域では二分の一、震度六弱では三分の一の割合でこれらが損壊すると仮定し、その割合分は海岸防災施設の効果がないものとして、被害の補正を行う。

（6）避難しなかった住民や逃げ遅れたことによる死者を考慮する。二〇一一年東日本大震災の場合、避難しなかった住民は一八・九パーセント、逃げ遅れた死者数を加えると二八・九パーセントとなる。この値を基準として津波による被災者を推定する。①早期避難者比率が高い場合は、「すぐに避難する（直接避難）」七〇パーセント、「避難するがすぐには避難しない（用事後避難）」二〇パーセント、「避難しない」一〇パーセント、②早期避難者比率が低い場合は、「直接避難」二〇パーセント、「用事後避難」五〇パーセント、「避難しない」三〇パーセント。

南海トラフ巨大地震で津波避難しない場合の犠牲者数

国の中央防災会議が予測している南海トラフ巨大地震時の津波による犠牲者数は第6章で詳述するが、そこで用いたデータの精度は、地域差が発生しないように工夫されている。しかし、大阪府や愛知県などは、さらに精度の高いデータを適用することができる。とくに海岸護岸などの液状化や強震動による被害を高い精度で予測することが可能である。そこで、大阪府防災会議において、筆者が座長を務めた被害想定の委員会における結果を紹介しよう。政府の予測では、津波による犠牲者は九八〇〇人であった。しかし、大阪府の結果は、三〇パーセントの府民が避難しないなどの最悪を想定したケース(冬の午後六時発生)では、津波による浸水で約一一万四〇〇〇人および堤防・護岸決壊による浸水で約一万九〇〇〇人となり、合計一三万三〇〇〇人となった。しかも、これには地下空間の浸水事例は含まれていない。

しかし、過去の高潮はん濫被害を考えると、東京・名古屋・大阪の人口密集市街地は例外なく海抜ゼロメートル地帯に位置し、そこには地下鉄網に接続する形で、ショッピングモールやレストラン街が併設されている。これらが水没する危険性は一切、考慮されていない。いずれも一日一〇〇万人単位で利用されており、津波来襲時に不適切な対応を行えば、未曽有の被害が発生する危険性が存在する。

ただし、地方都市などであっても、つぎのような条件ではさらに増加する。

（1）海水浴シーズンの土曜日、日曜日に南海トラフ巨大地震が起こり、海岸に短時間のうちに大津波が来襲する。津波が地震後二〇分程度で来襲する多くの海水浴場では、津波の高さが五メートルを超えると予想される。したがって、海から砂浜に上るだけでは不十分で、できれば一〇メートル以上の高台や三階建て以上の鉄筋コンクリート造の建物に避難する必要がある。大勢の海水浴客がいる場合は大混乱となり、大量の犠牲者が出る危険性がある。

（2）大津波が来襲することがわかっている各漁港や港に、地震後、漁業関係者や港湾関係者が駆けつけた場合、仮に津波の第一波の来襲時間が遅くなると、彼らの多くが犠牲になる恐れがある。一九九三年北海道南西沖地震がその例であって、もし、地震後二〇分で津波が来襲しておれば、犠牲者数が実際の約二倍に膨れ上がっていたことはすでに指摘した。これを防ぐには、たとえば漁業保険の対象が、漁船だけでなく漁船が大破して操業不可能となったとき、新しい漁船を購入して出漁できるまでの休業期間とするように拡大することである。

（3）津波によって養殖いかだ、漁船などが大量に市街地はん濫に伴って突入して来る場合。

つぎの関東大震災での津波被害予測

一九二三年関東大震災では津波被害が発生したことがわかっている。しかし、残念ながら詳しい検証は行われていない。今は、目前に迫った首都直下地震のプレート構造調査や地殻構造探査のために地震研究者は手一杯である。もちろんそうした研究も重要であるが、津波問題の重要性に鑑みて、過去の事例に関係した研究も推進する必要があろう。重要な問題は並行型で進めるべきで、一点豪華型の研究は問題が多いといえる。

さて、つぎの関東大地震の詳しい震源モデルがわからない状況で、津波計算をすることは不可能である、しかし、ことの重大性ゆえに手をこまねいているわけにはいかない。そこで、ここでは、間接的な方法で推定してみよう。

まず、表4-1は、近年に発生した都市震災における被災者数と死者数をまとめたものである。建物が全壊・倒壊することが主体の地震の人的被害では、被災者数の〇・一パーセントが亡くなっていることがわかる。一方、一九五九年の伊勢湾台風高潮災害では、被災地(ゼロメートル地帯)人口五六万九〇〇〇人に対し、死者が五〇九八人であったから、約一パーセントが死亡していることが見出された(最悪は、愛知県弥富市鍋田干拓地で、住民三一八人中、一三三人、四二パーセントが死亡した)。住民にとって未経験だった高潮はん濫災害の恐ろしさ

表4-1　世界の都市震災における死者数と被災者数の集計．前者は後者のおよそ0.1%である

地震災害名	死者数／被災者数
1995年阪神・淡路大震災	5,500人/ 350万人
1999年トルコ・マルマラ地震災害	18,900人/2,000万人
1999年台湾・集集地震災害	2,400人/ 240万人
2008年四川大震災	87,000人/8,700万人

を示す数字である。

東京湾における高潮災害の見直しは、二〇〇五年ハリケーン・カトリーナ災害がきっかけとなって、つぎの条件で検討された。すなわち、①一九三四年室戸台風級の台風が東京湾を直撃、②地球温暖化による〇・六メートルの海面上昇量を考慮、③東京湾沿岸で最多の影響人口が発生する台風コースの採用、である。その結果、最悪の場合、孤立者数が八〇万人、死者数が七六〇〇人という結果となった。この結果は、孤立者の約一パーセントが犠牲になるというものであり、奇しくも伊勢湾台風高潮災害と同じ結果となった。

そこで、高さ三メートルの津波が東京湾沿岸に来襲する場合、孤立者数は高潮とほぼ同じと考えられるので、八〇万人とおいてもよいだろう。津波の場合、最悪の死亡率は第3章の図3-2から、津波の高さが三メートルで約四パーセントである。したがって、いくつかの仮定はあるが、東京湾沿岸では最悪の場合、約三万二〇〇〇人が犠牲になる危険性があるといえる。

このように、洪水や高潮、津波のはん濫災害の中でも、津波はん濫災害の危険性が際立って高い。やはり「逃げるが勝ち」なのである。しかも、この結果はあくまでも目安である。条件設定によってはこの数分の一から数倍に変化するということも承知しておく必要があろう。

3　過去の教えを検証する

津波による犠牲者を少なくするには、早く避難することが大切である。津波常襲地帯にはいろいろな「言い伝え」が残っている。ただし、なかには誤解を含むものもある。ここでは、そのいくつかを検証しつつ紹介しよう。

「津波てんでんこ」

「津波てんでんこ」は、三陸地方の津波史家の山下文男氏の発言が端緒になって広がった教訓である。津波が来るときには、親、兄弟、子どもや親戚の人などにかまわずに早く逃げなさいという意味である。一九九〇年に開催された「第一回全国沿岸市町村津波サミット」で特別講演した同氏は、一九三三年昭和三陸津波当時の実体験を紹介した。内容は、当時小学校三年生だった同氏の父母のやり取りであった。しかし、あまりにも津波来襲時の切迫性を表しているため、三陸地方の津波常襲地帯で自然発生的に生まれた伝承であると誤解されている。

一九九三年北海道南西沖地震時に奥尻島青苗五区では、地震直後に住民避難が始まった(ここでは地震五分後に高さ一〇メートルの津波第一波が来襲した)。徒歩で避難した人の中で、途中どこにも立ち寄らなかった人だけが助かった。祖父や祖母の家に立ち寄って一緒に逃げようとした人(彼らはいち早く避難していたので、留守の家が多かった)、忘れ物に気がついて家に戻った人らが犠牲になった。このように、一目散に避難した人が生き残ったのである。

一九四六年一二月二一日午前四時一九分に起こった昭和南海地震による死者のデータを整理していて気がついたことがある。三〇歳代の女性に死亡率のピークがあり、四〇歳代や五〇歳代の女性より死亡率が大きいのである。何かの間違い、と考えてデータを見直しても変わらなかった。三〇歳代の女性の多くは乳幼児がいたため、避難が遅れた。冬の寒い季節だったから、ねんねこにくるんだりしている間に、あるいは一家の主婦として仏壇の位牌などを持ち出そうとして逃げ遅れたのである。夫や若者は一人でいち早く逃げたので助かった。

しかし、これは悲しい伝承とは限らない。避難に関する最近の社会心理学の研究から、人は避難する人を見ると避難行動を開始することがわかった。ホテルや旅館に宿泊していて、夜中に非常ベルが鳴ったとしよう。そのとき、廊下や階段を無言で避難する人たちを見たら、きっとあなたも避難するだろう。「どうせ大したことはない」「自分は関係がない」という思い込みが、他人の避難行動を見ることによって変わるのである。

「津波が来るから逃げろ!」と大声で叫びながら避難する人がいれば、もっと多くの人が同調して避難行動に加わってくるはずである。このように避難行動を促すときには、大声を出すことがとても効果的である。場面を見て「あわてない!」とか「だいじょうぶ!」という言葉をかけると、聞いた人が共感を覚え、連帯感をもつきっかけともなる。

「津波が来る前にご飯を炊く余裕がある」

これは、三重県尾鷲市に残る伝承である。この教訓は条件付きで正しい。その理由を示そう。東南海地震が発生すると、尾鷲市では第一波より第二波がいつも大きい。そのため、比較的高いところに住んでいる住民は、津波の第一波が住宅まで達しないから、初めて浸水する第二波を第一波と誤解することが起こる。悲劇はこれにさらに誤解が加わることである。すなわち、津波の第一波は小さいと思い込んでいることから起こる。

図を見ながら説明しよう。第1章で示した図1-5は、地震マグニチュードが八・四の場合である。昭和東南海地震のマグニチュードは七・九であったから、エネルギーは約五・六倍であるが、両者の津波特性（津波のピークの来襲時間やピークの高さの比）は大きく変わらないことがわかっている。東南海地震の第一波のピークは約二〇分後、第二波は約五〇分後である。市街地はん濫は津波の高さが二メートルを超えると始まるから、海岸近くの住民は、地震後一〇分程度しか余裕がない。この図で、津波の第一波が到達しない居住地の住民は、もし第二波で浸水するとこれを第一波と誤解するというわけである。

このように何波目の津波であるかを知ることは難しい。たとえば、昭和南海地震が起こったときは冬の早朝の四時過ぎであったから真っ暗闇であったはずである。だから、和歌山県南部沿岸で第一波を目視することはできなかっただろう。明るくなった朝に住民が沖に引いていく潮の流れを見たとき、これを津波の第一波と誤解してもおかしくない。当時の小学五年生の国語の教科書では教材として『稲むらの火』が使われていた。これはフィクションであるが、津波の描写が迫真的である。海面が下がり、浜の海底がみるみる姿を現すと書いてある。これと目の前の光景が重なり、『津波の第一波はいつも引き波で始まる』という誤解が生まれる。

それから、気をつけなければいけないことは、津波の高さは地震マグニチュードによって変化するということである。南海トラフ巨大地震ではいつも同じ地震マグニチュードで起こったわけではない。地震マグニチュードが〇・二大きくなると、津波の高さは平均三〇パーセント高くなる。以前と同じ高さの津波が再来するとは限らないことを知っておきたい。

「地震の揺れが小さいと津波も小さい」

これも誤解を含む言葉である。二〇〇四年九月五日午後七時過ぎに、和歌山県南方沖を震源とするM七・四の地震が発生した。和歌山県では紀伊水道に面する一二市町に津波警報が発令された。ところが、避難勧告を出したのは和歌山市と那智勝浦町の二市町のみで、残る一〇の市町は出さなかった。「昭和の南海地震の揺れに比べて小さい。だから津波も小さい」と判断したためである。なかには職員が非常参集しなかった市町もあった。いくら日曜日の夜とはいえ、これでは過去の経験が無視されたと言っても過言ではない。同じことが三重県の沿岸市町でも発生した。避難勧告が出た地域でも一五パーセントの住民しか避難しなかったのである。

これは、私たちは実際に体験したことを中心にものごとを判断していることを示している。人の一生の長さを基準にして考えると、一〇〇年単位でくり返す低頻度巨大津波はほとんど経験しないのが普通である。これは津波災害に限ったことではなく、自然災害全体にいえることである。『当地では津波はん濫が起こったことがないので避難勧告を出さない』『今回のような高潮は生まれて初めて経験した』『土砂災害が起こるような土地ではない』『過去三〇年の最大の洪水を想定すれば十分だ』というような何ら科学的根拠のない言葉が、自治体トップからも発せられることがしばしばある。

津波地震という厄介な現象がある。一八九六年の明治三陸大津波では、揺れが小さく津波を考えなかったため、二万二〇〇〇人の犠牲者が出た。東日本の太平洋側で発生する近地津波のうち、津波地震によるものはおよそ三〇パーセントであると指摘されている。

西日本の南海地震についても、一六〇五年慶長南海地震では、古文書のどこにも地震による住宅被害などの記述がない。記述はすべて津波被害についてのものである。だから、高知、徳島、和歌山や三重各県の住民は、地震の揺れの大きさから津波の大きさを判断してはいけないのである。ただし、大きな津波をもたらす地震の場合、揺れが一分以上続くのが普通であるから、これは指標になりうる。もし、海外旅行に行った先でこのような長く続く地震の揺れを経験したときは、津波を疑ってみることである。

第5章
東日本大震災の巨大津波と被害

津波防波堤の建設事例．上から，陸前高田市の天端高 T.P.＋12.5 m の防波堤で海側に鎮魂の森が造成される．この森は残念ながら市街地側から望見できないし，津波が来襲すると真っ先に流失するので，津波減殺効果は期待できない．中央は宮古市田老地区に建設中の天端高 T.P.＋14.7 m の防波堤．下は右側に既存の高さ 10 m の防波堤があり，旧市街地には野球場が設置された．正面の山の中腹に高台移転した集落(図 5–8)が遠望できる．

(T.P.：東京湾平均海面)

まえがきにおいて指摘した通り、東日本大震災が起こって、津波によって二万人を超える死者・行方不明者が発生した。本章で指摘しなければならないのは、なぜ、あのような巨大な津波が発生したのか、なぜあのような膨大な犠牲者が発生したのかということである。そして津波に強いまちづくりの概要を紹介しよう。

1　なぜ巨大な津波が発生したのか

プレート境界地震と津波地震

東北地方太平洋沖の日本海溝では、東から押し寄せる太平洋プレートが東北地方を載せている北米プレートの下に、年間およそ一〇センチメートルずつ潜り込んでいることがわかっていた。そして、これが約四〇年継続し、累積潜り込み量が四メートル前後になると、二つのプレートの境界面ですべりが発生し、これがプレート境界地震を発生させてきた。一九三三年の昭

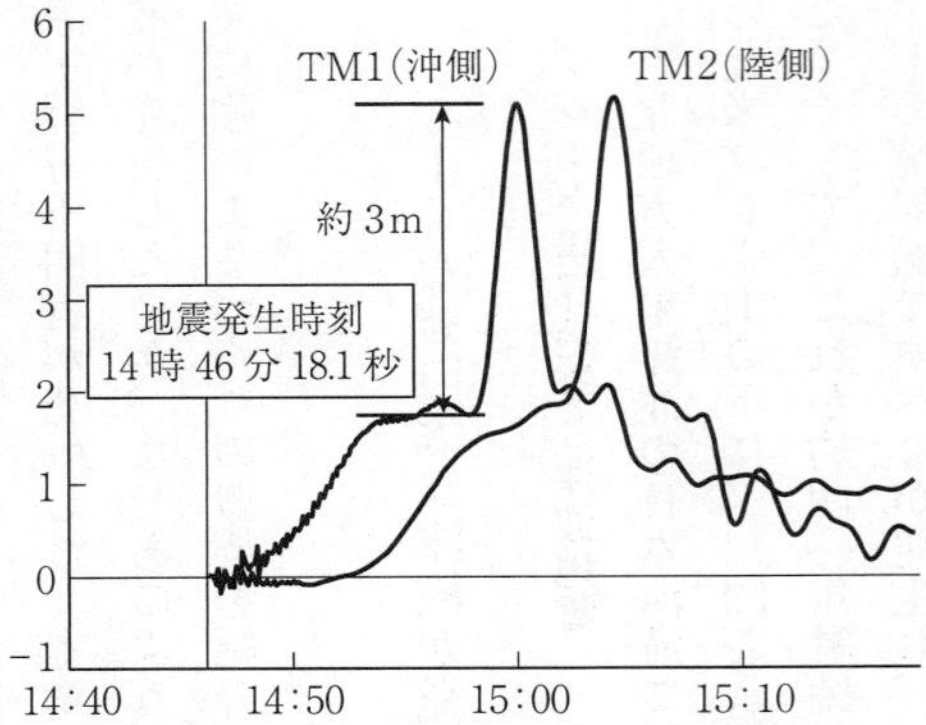

図5–1　2011年東北地方太平洋沖地震で発生した巨大津波観測例(東京大学地震研究所)

和三陸地震がこれである。ところが、その三七年前に発生した明治三陸津波は、昭和三陸津波よりはるかに大きく、しかし揺れは小さかった。つまり、地震マグニチュードは六前後で、沿岸部の揺れも震度三から四であったことがわかっている。この地震は、後日、海底の土砂が大量かつ急速に深い海溝軸に向かって移動することによって起こる津波地震であることがわかった。

東日本大震災では、このプレート境界地震と津波地震が連続して起き、二つの津波が重なって巨大な津波になったことが、海洋研究開発機構などの調査研究から明らかになってきた。図5―1はその波形記録である。しかし、その正確なメカニズムは未だ不明である。つまり、地震計の記録の解析からは、このような巨大津波の発生メカニズムはわからず、したがって理論的に数値計算では津波は再現できず、逆算するしかないということである。それでは、どのようにして陸上を遡上する津波の伝播状況を再現したのかといえば、実測結果とできるだけ適合するように、地震のマグニチュードなど八つのパラメータを操作したのである。

発生メカニズムの解明

海底の急斜面を大量の土砂が自由落下した時、大きな津波が発生するのか？　一九九八年パプアニューギニアで地震マグニチュードが七程度であったにもかかわらず、一五メートルに達する津波が来襲し、住民約三〇〇〇人が犠牲になった。筆者はこの津波災害の国際調査隊のリーダーであったので、その発生メカニズムを共同研究の形で徹底的に追究した。土砂が海中の急斜面を自由落下しても、流体抵抗を受けて加速しないから、大きな津波は発生しないというのが結論であった。この疑問は二〇一一年東日本大震災が起こるまで解決しなかった。

しかし、この震災後、海洋調査船「ちきゅう」によるボーリング調査やプレート境界面付近の水温変化などから、地震時にプレート境界面で高温が発生していることが確認できた。そうすると水温の急激な上昇で堆積土砂中の間隙水圧が急上昇し、これがピストンの働きで、強制的に大量の土砂を海溝軸めがけて突き落とすのが可能であることがわかってきた。

地震後の海底調査によって、震源付近の海底では、大量の土砂が水平方向に五七メートル、鉛直方向に一五メートルも移動したことが明らかになった。しかし、このような運動によるエネルギーは、地震発生の際のエネルギー放出量に比べると大変小さく、地震マグニチュードを〇・一前後しか大きくしないこともわかってきた。

過小評価した巨大津波

気象庁の津波警報システムは、一九八三年日本海中部地震での津波情報の伝達の遅れを反省し、動的予報に変えられていた。だから、東日本大震災では、地震発生二分三〇秒後に大津波警報が三陸沿岸に発令された。岩手沿岸三メートル、宮城沿岸六メートル、福島沿岸三メートルであった。

この作業は、大阪管区気象台で実施した。当時は、東京の気象庁と一カ月交代でこの作業を実施していた。問題は、いくつか指摘できる。①およそ一年前の二〇一〇年二月に、チリ地震が起こり、三陸沿岸に大津波警報が出たが、実際の各地の津波は一メートル未満で、養殖いかだに被害が出た程度であった。この津波はハワイを経由して伝播し、しかもハワイで実測されている。それなのに、なぜ、そのような過小評価が起こったのか、その理由を沿岸の自治体と住民に説明していない。②地震のエネルギーの評価は、モーメントマグニチュードが一番正確であり、地震時に広帯域地震計が全部振り切れて計算できなかったことは理解できる。しかし、地震計記録の振れ幅から推定する気象庁マグニチュードは、M八以上の地震では過小評価の恐れがあることは関係者の常識であった。なぜ、自動計算の結果をそのまま使い、釜石沖のGPS波高計が六メートル以上を観測するまで、放置したのか。③津波の高さが三メートルであれば、沿岸の津波護岸でほぼ完全に守ることができる。たとえ六メートルでも極端な被害にはならない。つまり、住民は避難しない。大津波警報が安全情報になってしまったのではないか。気象業務法では、気象庁の予報結果が間違っていても、罪に問われないことになっている。しかし、説明責任があろう。

レベル1とレベル2の津波

この震災の後、内閣府に「東北地方太平洋沖地震を教訓とした地震・津波対策に関する専門調査会」が設置され、私が座長を務めた。そこでは、被災地の津波防災に関して、プレート境界地震によるレベル1の津波は、原則として海岸施設で守り、津波地震も同時に発生するレベル2の津波は、避難を原則にすることを決めた。問題は多くの地域で、いくつかの発生パターンのなかで、津波の高さが最高になる明治三陸津波をレベル1の津波としたことである。明治

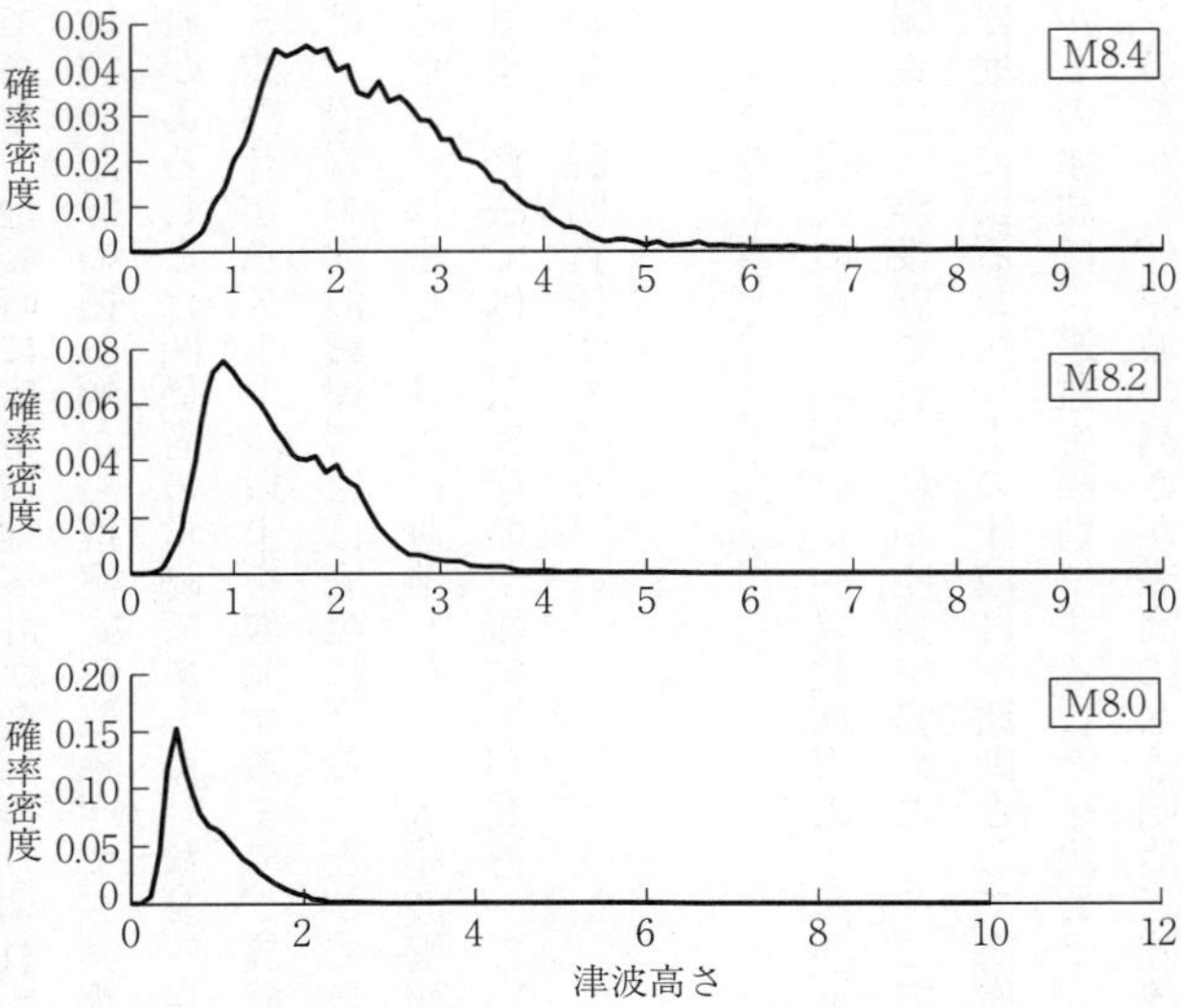

図 5-2　南海地震の地震マグニチュードを M8.4，M8.2，M8.0 と変化させたとき，残る地震パラメータ 7 つをそれぞれ 10 通りに変化させると，合計 1000 万通りとなるが，そうのち 3 万通りをランダムに抽出した結果，大阪市に来襲する津波高さの分布（1000 万通り計算すれば，凹凸がなくなり，滑らかな曲線になる）

三陸津波は、地震の揺れが小さかった（マグニチュードが小さい）。にもかかわらず、巨大な津波が発生していることから、明らかに津波地震である。したがって、これはレベル2に属する津波であると判断できる。

図5‐2は、その結果の一例を示している。ここでは、南海地震が発生し、それで発生した津波が大阪に来襲する場合を計算している。地震マグニチュードが大きくなればなるほど、津波高さの分布は

広がることがわかる。しかし、実際には、被災現場では発生する津波の高さを一つと仮定して、津波護岸高を求め、この結果を使っている。現状では、津波地震のモデル化ができない以上、明治三陸津波をレベル1の海岸施設の設計に用いることは不適である。その理由を仮に無視しても、今度は地震マグニチュードを少し大きくするだけで大変大きな津波が発生しうるという、図5-2の危険に直面する。

図5-3は、計画している津波堤防の高さと、実際に存在し、延長一九〇キロメートルにわたって破壊された津波堤防の高さを横棒グラフで示したものである。たとえば、広田湾と書かれた陸前高田市の津波護岸の高さは、一二・五メートルである。これが過大すぎることは、高田松原の七万本の松が四〇〇年間も残っていた事実と反することから明らかである。

2　なぜ膨大な犠牲者が発生したのか

大量の犠牲者の発生と地震災害の約四倍の死亡率

東日本大震災では、二〇一七年一一月現在の情報によれば、直接死一万五八九四人、行方不明二五四六人、災害関連死三五九一人となり、合計二万二〇三一人で一八九六年の明治三陸津

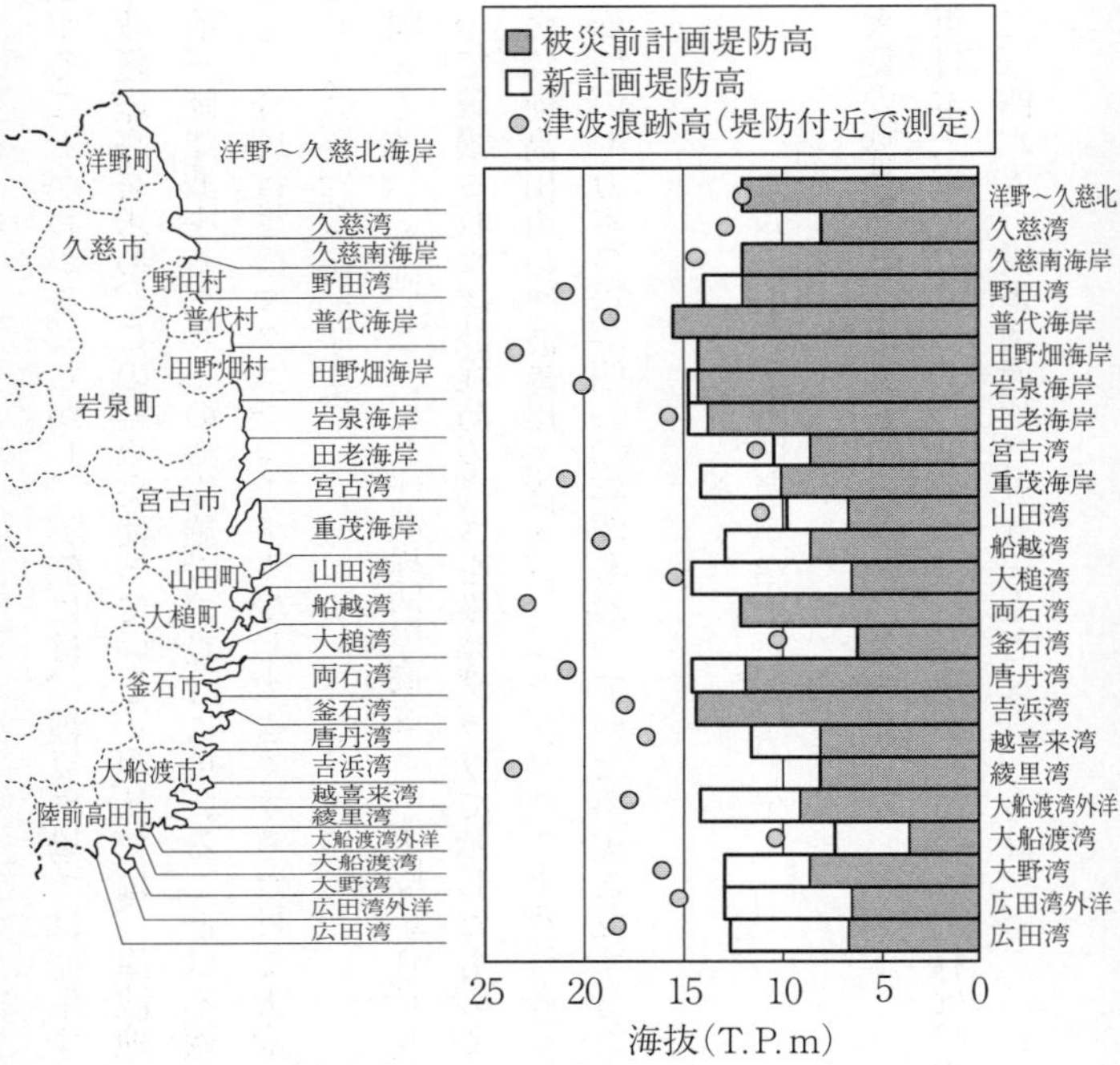

図 5-3　東日本大震災で来襲した津波高さ(○印)，新しい津波堤防の天端高(横棒グラフ)と被災前の天端高(陰影のある横棒グラフ)

波の犠牲者数二万一九五九人を上回った。二〇一八年は明治維新一五〇年であるが、過去一五〇年間で発生した巨大災害による犠牲者数で、約一〇万五〇〇〇人と推定される関東大震災に次いで二番目となった。

そして、岩手県と宮城県の犠牲者数は、ほぼ津波によって発生したと考えると、直接死、行方不明および災害関連死を考慮した死亡率は〇・五一パーセントとなった。これは阪神・淡路大震災における〇・一二パーセントの約四倍であることがわかる。いかに津波災害が危険であるかが理解できる。なお、福島県はそれぞれ、一六一四人、一九六人および二一四七人の合計三九五七人で、死亡率は〇・一九パーセントとなった。岩手、宮城両県の主として津波が原因の災害関連死は、直接死と行方不明の合計の八・三パーセントとなっている。

東日本大震災では、津波による死者の約九〇パーセントは溺死である。これは津波が原因で負傷すると、水中で息ができなくなって窒息死するからであり、肺には海水が入らないことになる。したがって、体内でガスが発生しないので、遺体は膨潤せず沈んだままである。行方不明者数は、三県で二五四二人に達し、直接死者数の合計の一六パーセントを占めている。

仮に、南海トラフ巨大地震に当てはめてみると、津波の犠牲者が約二二万人と想定されているので、三万五二〇〇人が六年余り経過した時点で行方不明のままになると考えられる。このため、大規模な遺体捜索活動を継続すれば、復旧・復興事業が遅れるという問題が発生するので、今からどのように対処するかを決めておく必要がある。起こってからではご遺族の意向もあって、なかなか決められないからである。

津波防波堤・護岸の被災

津波護岸などの海岸構造物を設計する場合、津波の高さをどのように決めるかが最大の課題である。そして、一九六一年に施行された災害対策基本法では、二度と同じ被害をくり返さないという考え方から、現実に来襲した津波高さを基準に作ることになる。三陸海岸の場合は、一九六〇年のチリ地震津波がそうであり、そのとき被害が発生しなかったところでは、一九三三年の昭和三陸津波が対象となっていた。

実際に施工するときには、そこに余裕高が加算される。とくに、津波は局所的な地形に大きく影響されるので、余裕高は必須である。しかし、それは一メートル程度であって、数メートルも上回る津波の来襲は、従来は考慮していなかった。また、そのような設計をすれば、財政当局から、過剰設計のそしりを受けることは必定であった。

図5-3には、丸印で来襲した津波の高さも示している。津波堤防の天端高(上面の高さ)を

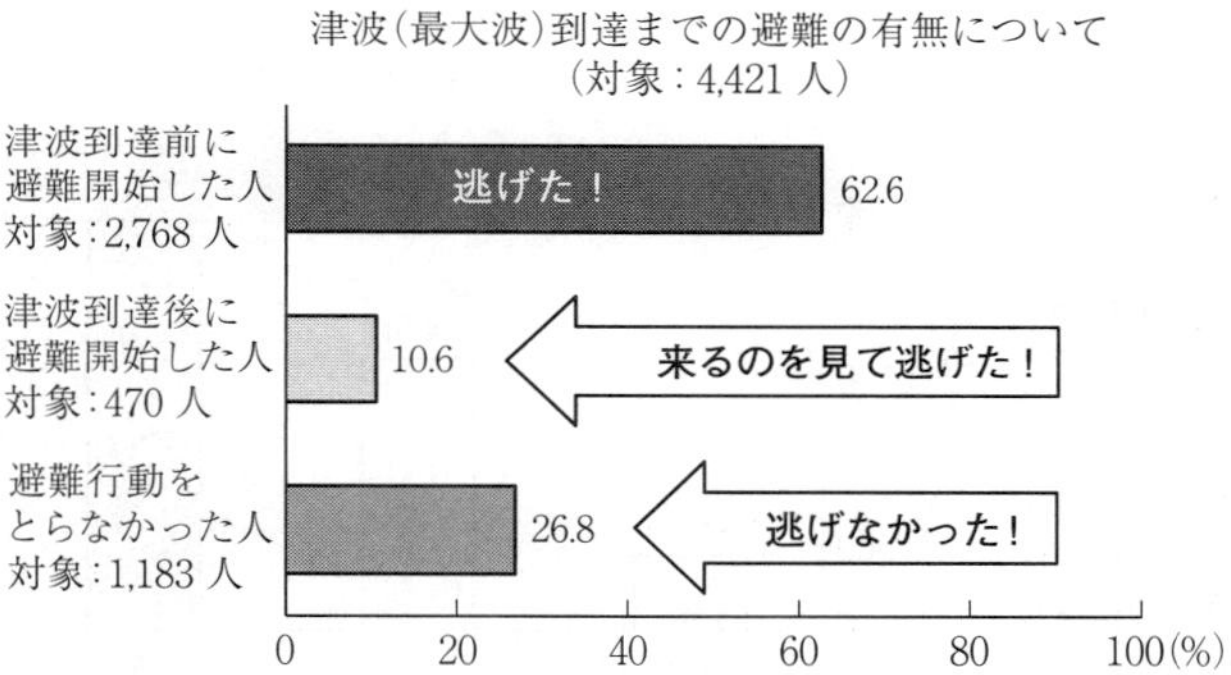

図 5-4　東日本大震災での住民の避難率

はるかに上回る津波が来襲すると、津波堤防を越流して堤防の陸側の脚部を洗掘し、その穴にコンクリート製の堤体が落ちるか、逆に津波が海に帰っていく戻り流れで同じような洗掘穴が、今度は海側にできて、そこに落ち込む形で破壊された。

低い避難率と車避難

図5−4は、避難率を表したものである。住民全体の約六三パーセントはすぐに避難したが、約一一パーセントは津波が来襲後に避難し、避難しなかった人は約二七パーセントであった。東北地方では、津波によって人的被害が発生したのは一九六〇年のチリ地震が最後で、五〇年以上、大きな津波を経験していない。その間、たとえば石巻市では、市民の約三〇パーセントが津波災害を経験したことのない地域から居住した新住民であるとい

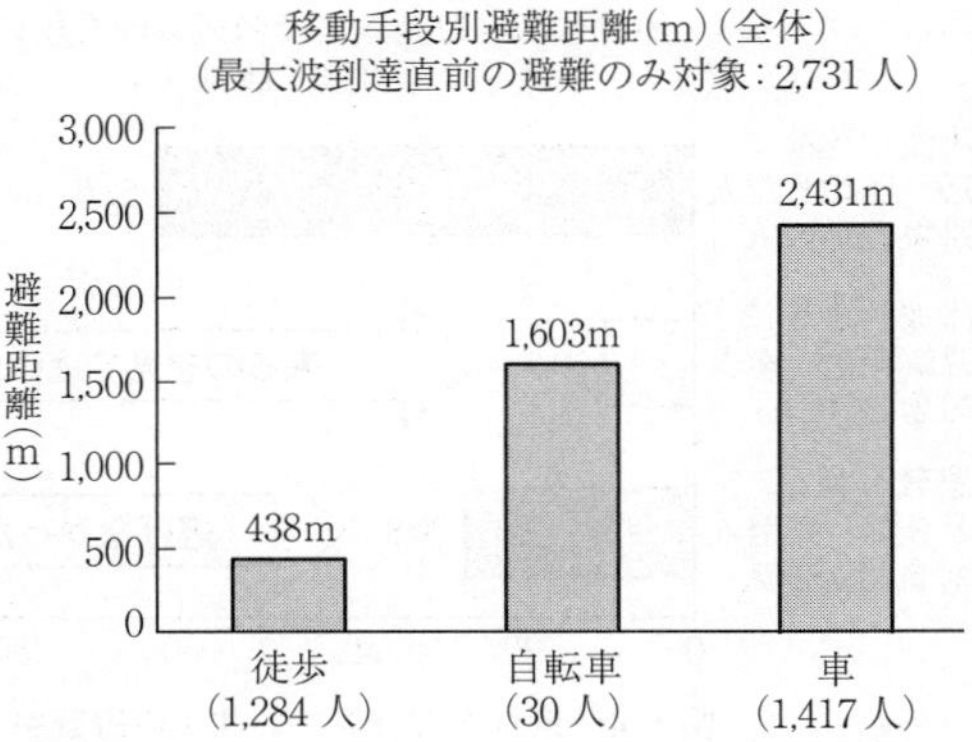

図5–5　徒歩，自転車，自動車による平均避難距離

われている。津波の常襲地帯といえども、未経験住民が増えれば、過去の伝承などが風化するのは避けられない。宮古市田老地区でも、年々、津波避難訓練の参加者が減少していたことがわかっている。

図5–5は、移動手段別避難距離を示す。車で避難した人は五二パーセント、徒歩で避難した人は四七パーセントであった。三陸沿岸は傾斜地が多く、冬寒いので、自転車を日常的に利用する人が少ないこともわかる。このデータから教訓を読み取るときに注意しなければいけないことは、これは生存者の実態ということである。まず、歩いて避難した人は、平均四三八メートルしか歩いていないということである。高齢化社会になるにつれて、この距離は今後、ますます短くなると同時に、自動車で逃げようとする人が増えると予想される。一方、車で逃げた人は、避難距離は二・四キロメートル程度である。これは、交通渋滞に巻き込まれた影響が大きいことを示している。時速三〇キロメートルで走

行すれば五分弱しかかからない距離である。地震が起こってから、早くて三〇分後に津波が来襲し、車避難で助かったと仮定すると、時速五キロメートル程度の速度で避難したことになる。これは速足の歩行速度であり、車避難でも距離を稼ぐことが難しいことを示している。

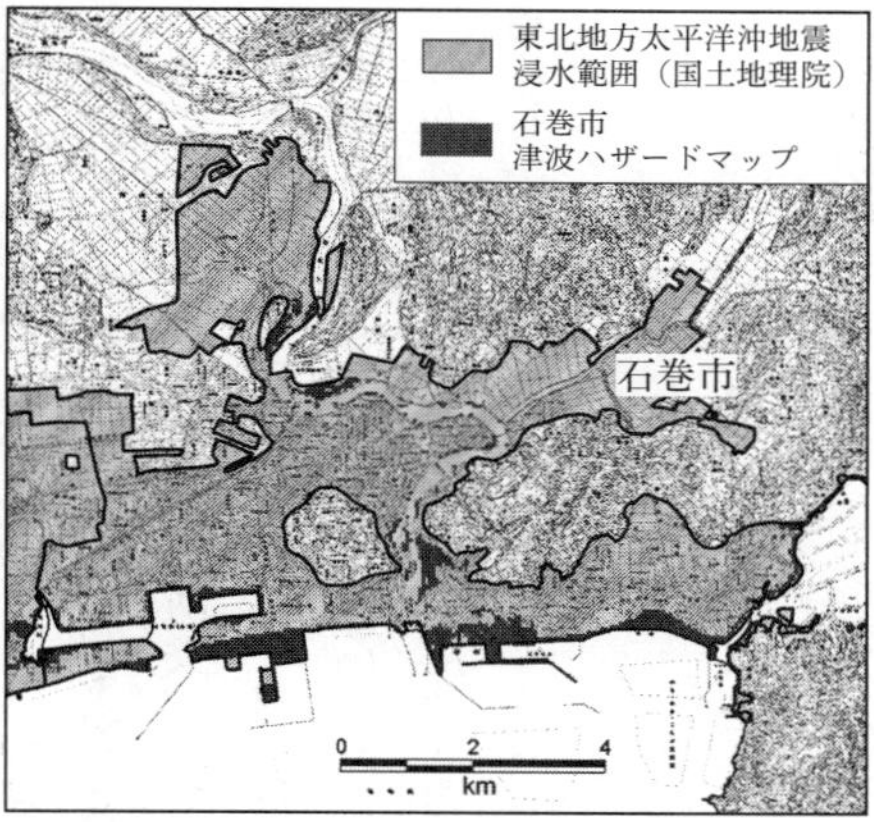

図 5-6　石巻市の震災前の津波ハザードマップのはん濫域（濃い影の部分）と実際のはん濫域（薄い影の部分）

津波ハザードマップの限界

津波が来襲し、犠牲者が出た地域には、ハザードマップがほとんど用意されていた。図5-6は石巻市のもので、実際の津波はん濫域は予想の一〇倍以上の面積に広がっている。この差が発生した原因は、過去の地震データのみを考慮していたからである。地震データのなかでそのマグニチュードを固定しても、来襲する津波は、マグニチュードが大きくなればなるほど、高さは大きく変化する。したがって、ハザードマップを危険マップとして使用するのであれば、予想される津波高さを一メートルごとに大きくし、起こりうる最高の津波高さ(たとえば、一〇〇〇回来襲した場合の最大値)に取るべきであろう。

しかし、現実には既存の防災施設では、そのような巨大津波に対応できないわけであるから、それを図面化することに対して自治体は従来から積極的でなかった。住民に、いたずらに危険であることを訴えるだけだというわけである。要は、「安全」マップの役割を果たしていたというわけである。この問題を解決するには、自治体の防災関係者と住民の情報リテラシーを高めるしかないだろう。

3　津波復興まちづくり

多重防御

図5-7による多重防御方式は、私が復興構想会議で提案し、採用された。これまでの津波防災は、「線」で守る方式であった。だから、津波堤防や護岸が採用されてきたわけである。これは、市街地が海岸線に迫るところでは、幅を考慮した防御方式を採用することは、ほぼ不可能であるという事情があったからである。しかし、砂浜や防潮林による面的防御方式が、高

図 5-7　多重防御の一例

潮や津波はん濫に有効であることは歴史が教えてきたところである。

ところが、実際に、東日本大震災の被災地にこれを適用しようとすると、まず、移転促進区域を指定し、被災市町村の整備する高台の住宅団地にある、戸建て住宅もしくは集合住宅に住むことが前提になってしまった。住宅が災害危険区域にあっても、想定浸水深以上に居住空間がある高層の集合住宅も選択できるようにすれば、海から遠いとか海が見えないという不満解消と垂直避難の容易さがセットになった、新しい生活空間が提供できたのに残念である。

津波防災地域づくりに関する法律

一九九三年北海道南西沖地震が発生し、とくに奥尻島青苗地区は壊滅的な被害を被った。その結果、津波防災地域づくりに関する法律と防災集団移転促進事業が適用され、まちづくりが行われた。しかし、この法律では宅地を農地にすること（価値の低下）は不可能であり、災害前の移転促進区域は商業施設建設などに利用できないなどの制約があった。事実、復興後の青苗地区では、住宅移転後の旧市街地にごみの焼却施設と津波館(ミュージアム)が立地しているだけで、残りは空地になっている。東日本大震災では、この法律が改正され、より弾力的運用が可能となった。

しかし、高齢化社会に向かうわが国では、職住接近が基本であるまちづくりにあって、住宅エリアと産業・農地エリアを独立に設ける方法はあまりにも単純な設定と言わざるを得ない。「津波災害警戒区域」(イエローゾーン)の土地利用が、津波からの水平避難しか考えておらず、垂直避難を考慮すれば、もっと利便性の高い復興まちづくりが可能であった。

そのためには、ワークショップによって住民の希望が反映できるまちづくりを目指すべきであった。この震災が起こるまで、被災地の住民の多くは、何かを決めるために集会をもち、意見を統一するなどという経験はなかったと考えてよい。ワークショップは、知識レベルの相違する住民の理解力を平準化し、対等の立場で意思決定できるという長所がある。その過程で、全国のまちづくり専門家の意見を聞くことは可能だったはずである。

高台移転事業

図5-8は、宮古市田老地区の高台移転した住宅群である。そこには、戸建て住宅と集合住

図 5-8　宮古市田老地区の高台移転した戸建て住宅と集合住宅．交番所と診療所，保育所があるのみで，商店はない

宅、そして交番所、保育所、診療所があるのみで、コンビニエンスストアなどの商業施設はない。そして、宮古市の市街地へは一時間に一本のバスがあるだけである。これで本当に生活ができるのだろうか。一〇年ほど前、フィリピンの中山間地の集落を調査したことがあった。そこには、許可された一軒の小さなサリサリストア(sari-sari store)が必ず存在した。このストアでは、その集落で日常生活を営むために必要な商品が販売されていた。

フィリピンでは、このストアがなければ、集落の生活は維持できないといわれている。ところが、わが国の高台移転した集落には、ほとんど、このような便利な商業施設はないのである。しかも、集合住宅には高齢者が多く居住している。これでは、まず、災害前の人口は戻らないばかりか、今後、人口はどんどん減り続け、いずれ無人の居住地になりかねない。なぜ、このようになってしまったのか。

それは津波堤防の高さを決めるにあたって、レベル1の津波高さを高く評価しすぎているからである。高ければ高いほど安全という、暗黙の了解のようなものがある。しかし、安全性を優先することと、安全性だけを考えることは違うはずである。同じ地震マグニチュードであっても、津波の高さが確率的に変化する以上、安全だけでなく、住民の多くの生活要因を考慮して決定すべきであった。後世に対する大きな教訓である。

そこで、具体的にどうすればよいかについて、一例を紹介しておこう。アメリカ合衆国の水害保険を参考にするのである。この強制保険は、仮に被災した場合、コミュニティ単位(典型的には市)で保険金がどの程度支払われるかが決まっている。これは、復興基金と読み替えることができる。だから、アメリカ合衆国では、現実的な事前復興計画を検討することができるのである。

わが国でこの計画が進まないのは、被災した場合にどれくらいの財源が復興事業に使用できるかが、事前に全く不明なことが大きな原因となっている。事前復興計画を立てておくことは、近い将来、必ず起こる南海トラフ巨大地震や首都直下地震の復興計画に役立つはずである。せっかく、事前の被害想定結果がわかっているのであるから、その長所を生かそうとする努力が実を結ぶようにしたいものである。

第 *6* 章

南海トラフで予想される巨大津波と被害

トップフォーラム(災害対策専門研修)の光景．阪神・淡路大震災記念 人と防災未来センターでは，毎年3都道府県において，知事の出席を得て，県下の市町村長による災害対策本部会議の図上演習を実施し，最後は記者会見まで実施してきた．2017年は静岡県，北海道(上からの写真順)，福島県で実施した．南海トラフ巨大地震のような広域災害が起これば，県レベルの自治体と市町村レベルの自治体の連携と調整が必須となることから，およそ10年前から実施し，約30の都道府県で開催した(2回実施した県もある)．6年後には47都道府県で実施したことになる．2018年は，沖縄県，青森県および大分県の予定．

1　新たな南海トラフ巨大地震像

地震規模の拡大

東日本大震災がM九・〇という巨大地震であったために、二〇一二年に防災対策推進検討会議に、「南海トラフ巨大地震対策検討ワーキンググループ」(以下「WG1」と呼ぶ)が設けられ、筆者は座長として、南海地震の震源域を改めて見直すことになった。その結果が、図6-1である。これまでは、一七〇七年宝永地震が最大の震源域で、いわゆる東海・東南海・南海地震が同時に起こりM八・六であるとされてきた。しかし、東日本大震災後、起こりうる最大規模の震源域を検討した結果、西および北方向への拡大となり、M九・〇(強震断層モデル)およびM九・一(津波断層モデル)となった。西方向は、プレート境界地震である日向灘地震を独立のものとみなさず、南海トラフ巨大地震の震源域であり、さらにその西方とは地殻構造が変わるという根拠である。一方、北方向への拡大は、現在、無感の微小地震が群発している地域であり、これは、すでに微小なプレート境界の剝離が始まっている証拠とするものである。また、

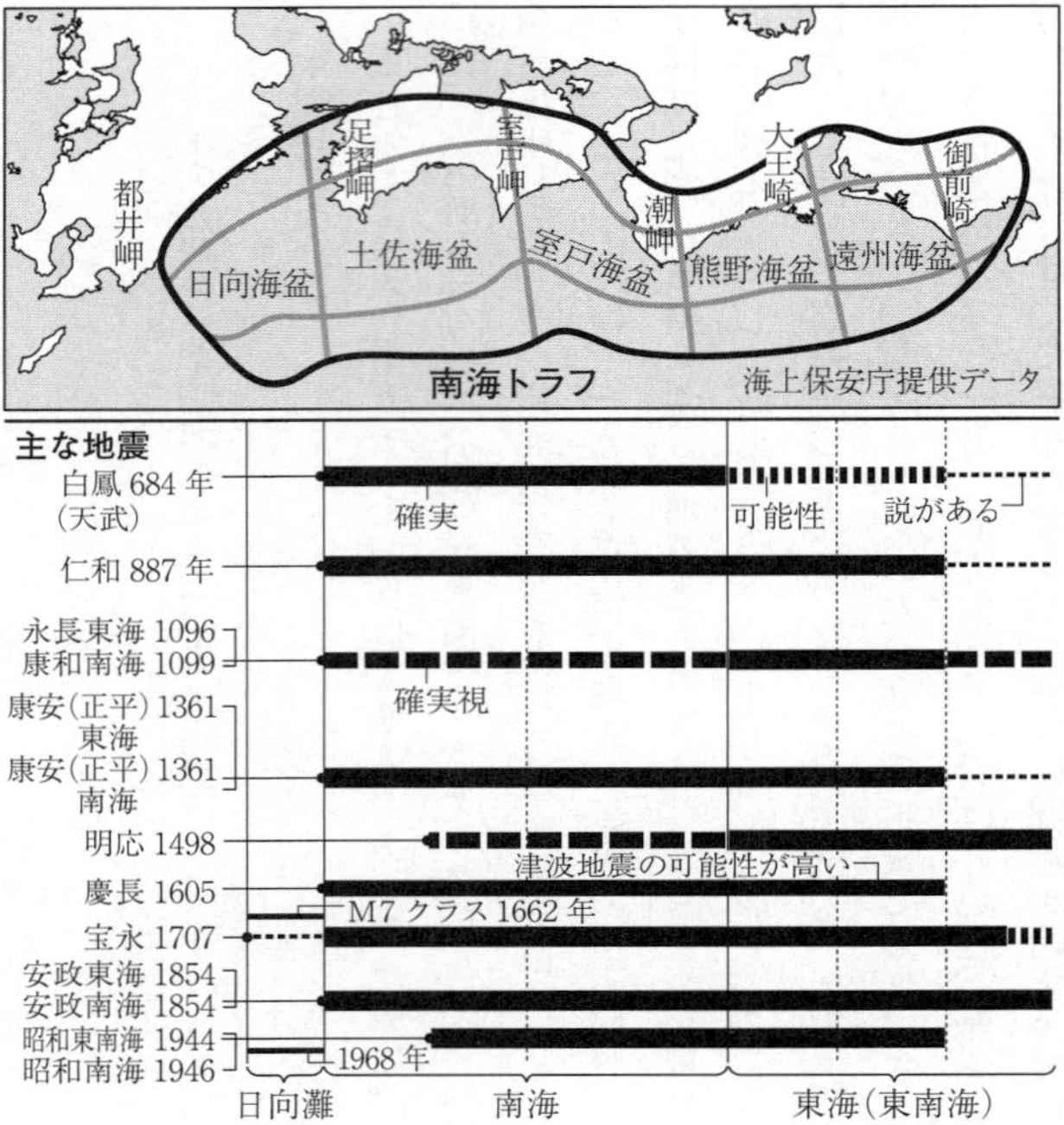

図 6-1　南海トラフ沿いに起こる巨大地震と動いた領域

この震源域の南側には、トラフ軸に向かう海底土砂の移動による津波地震発生域が設けられ、便宜的にこれを含む震源域はＭ九・一と仮定されている。

このような変更に伴って、被害全体が格段に大きくなる。たとえば、東日本大震災の被災地と比べて、南海地震で大きく揺れる地域は総じて地殻が固く、揺れが激しくなるほか、濃尾平野や大阪平野では沖積層の厚さが大きいために、やや長周期の三秒から五秒程度の揺れが卓越し、超高層ビルや長大構造物の被害が心配である。また、津波については、地震発生後五〜一〇分以内に、高さが一〇メートル程度以上の津波の来襲域が広範囲に発生することと、大阪市や名古屋市の人口稠密な海抜ゼロメートル地帯において、地下鉄水没などを含む広域浸水被害が生じると考えられる。

大震法の見直しと四つの異常現象

大規模地震対策特別措置法(大震法)は、一九七八年に施行された。その前提となったのは、東海地震は予知できるという考え方であり、その根拠として、一九四四年東南海地震の起こる直前に水準測量結果に現れた、地殻変動や前兆すべりなどの現象が発生するということである。これも最近、事実かどうか疑わしくなっている。そこで、観測情報、注意情報、予知情報を経て首相による警戒宣言の発令までが決定されていた。

しかし、二〇一七年にとりまとめられた「南海トラフ沿いの地震観測・評価に基づく防災対応検討ワーキンググループ」(以下「WG2」と呼ぶ)の下に設置された「南海トラフ沿いの大規模地震の予測可能性に関する調査部会」の報告において、「現在の科学的知見からは、確度の高い地震の予測は難しい」とされた。その一方で、南海トラフ沿いにおける観測網の充実により、地震に関する様々な異常な現象を捉えることも可能になってきた。

そのような動きのなかで、南海トラフ沿いで発生する典型的な異常現象として、つぎの四つの場合が指摘された。すなわち、①南海トラフの東側の領域で大規模な地震が発生した場合、②南海トラフ沿いでM七クラスの地震が発生した場合、③南海トラフ沿いでゆっくりすべりや前震活動などの現象が多種目で観測されている場合、④東海地震予知情報の判定基準とされるようなプレート境界面での前兆すべりや、これまで観測されたことがないような大きなゆっくりすべりが見られた場合である。

政府のガイドライン

大震法では、地震防災対策強化地域には二六〇市町村(二〇一七年現在)が含まれる。そこでは、(1)震度六弱以上の地域、(2)二〇分以内に高い津波(沿岸で三メートル以上、または地上で二メートル以上)が来襲する地域、(3)市町村単位であるが、一体的な防災体制の確保等の観点から進める地域、という判定条件があった。大震法の前提となる東海地震の予知が、現状ではほぼ不可能となれば、早急な見直しが必要となる。その場合、問題となるのは南海トラフ巨大地震を想定した場合、右記(1)から(3)に該当する市町村が三倍近く増えることであり、また、政府の被害想定発表後、都道府県が実施した被害想定結果に基づくと、(1)から(3)に該当する自治体が増えることである。しかも、名古屋市や大阪市などの大都市域とその周辺では、精度の高いデータが大量にあるために、解析精度は政府のものより高いと言える。この場合の取り扱いも決まっていない。

そこで、被災する危険性のある地域の自治体や企業、住民に対して、政府が二〇三〇年秋を目途にガイドラインを提示し、守ってもらうことになった。すでに、静岡県、高知県、中部経済界、関西経済界を対象とするヒアリングを二〇一七年一〇月に開始した。

名古屋市のように、東海地震の地震防災対策強化地域に古くから含まれていた自治体の場合、警戒宣言が発令されればどのような対応をしなければならないかは決まっていた。すなわち、自治体から企業、住民に至るまである程度周知されていた地域では、今回の移行によって新たに大きな混乱は起こらないと考えられる。しかし、南海トラフ巨大地震がＭ九前後で起これば、今回、新たに地震防災対策推進地域に指定された大阪市では、名古屋市とほぼ同じ高さの津波が来襲する。全市的に震度六弱の揺れに見舞われる恐れがあるにもかかわらず、自治体をはじめ、企業から市民に至るまで恐ろしく意識が低い状態がずっと続いている。

気象庁の臨時情報

気象庁は二〇一七年八月のWG2の報告と防災対策実行会議を受けて、新たな防災対応が定められるまで当面の間、「南海トラフ地震に関連する情報」(以下「臨時情報」と呼ぶ)を発表することになり、二〇一七年一一月一日から運用が開始された。臨時情報は、従来からの東海地震の想定震源域で、(1)M七以上の地震発生、(2)M六以上もしくは震度五弱以上の地震が発生し、岩盤の急激なひずみを観測した場合に、まず第一号が発表され、その約二時間後に、地震学者からなる評価検討会が、巨大地震が起きる可能性が高いかどうかを判断し、たとえば、今後、巨大地震が起きる可能性が高い地域名や「三日以内の可能性がより高い」などの文言で見通しを示す。

これらの措置は、警戒宣言ほどの強制力をもたないために、発表された際の対応は、住民や自治体が判断することになる。静岡新聞社は二〇一七年五月、「あなたや家族が自宅にいて、つぎのような状況になった場合、安全な場所に避難するかどうか」という住民アンケートを実施した。その状況とは、(1)東海地震のエリアでも数日から数年以内に必ず大地震が発生していることをマスコミが報道を始めた、(2)気象庁が今後三日程度は極めて高く、二週間程度は依然として特段に高い状態にある、と発表して、注意を呼び掛けている、(3)仮に東海地震が発生した場合、救助作業の難航や手厚い物資支援等を期待できない可能性がある、というものである。

その結果、回答を寄せた静岡県民四一五人は、自宅以外の安全な場所に避難すると答えた人の内、最大三日程度避難すると回答した人が三六パーセントと最も多く、一週間程度が二六パーセント、二週間程度が二二パーセントという数字が得られた。これらは、上記(2)の気象庁の発表があったからという理由で、「そう思う」と「ややそう思う」を合計すると、約八五パーセントになったことと符合している。

2　強い揺れと巨大津波の被害

想像を絶する被害

南海トラフ巨大地震がM九・〇で発生した場合、最大の人的被害は冬・深夜で約三二万三〇〇〇人と推定されている。内訳は、建物被害で約八万二〇〇〇人、津波被害で約二三万人、火災約一万人、その他約一〇〇〇人である。災害関連死は、地震では、熊本地震の記録から、地震の揺れによる直接死の約四倍であるから三二万八〇〇〇人、津波では、東日本大震災の岩手

表6-1　明治以降150年間の戦争犠牲者と災害犠牲者の数(想定される「国難災害」を含む)．たとえば，中学，高校の日本史の授業では，戦争被害のことは学習するが，巨大災害による被害について学ぶことがないため，被害の存在に無関心となる恐れがある

発生年	原　因	死者・行方不明者数
1941–1945	太平洋戦争(軍人以外の犠牲者は約80万人)	310万人
30年以内70～80%	南海トラフ巨大地震(災害関連死を考慮すれば68万人～160万人)	32万3千人(想定)
20XX	首都水没(高潮，洪水，津波)	15万9千人(想定)
1904–1905	日露戦争	11万5,621人
1923	関東大震災	10万5,385人
30年以内70%	首都直下地震	2万3千人(想定)
2011	東日本大震災	2万1,972人*
1896	明治三陸津波	2万1,959人
1894–1895	日清戦争	1万3,311人
1891	濃尾地震	7,273人
1995	阪神・淡路大震災	6,434人*

*震災関連死を含む

県と宮城県の結果から直接死の八・三パーセントであるから、一万九〇〇〇人で合計三四・七万人に達する。直接死と合計すれば、六七万人になる。表6–1は、明治以降一五〇年間の災害犠牲者と戦争犠牲者の数を上から多い順に並べたものである。これを見れば、南海トラフ巨大地震による想定犠牲者数は、太平洋戦争における民間人の犠牲者に匹敵することがわかる。起これば「国難災害」になる危険性が理解できる。

一方、最大の建物被害は冬・夕方で、揺れによる全壊で約一三四万六〇〇〇棟、液状化による全壊で一三万四〇〇〇

〇棟、津波による全壊で一四万六〇〇〇棟、地震火災による焼失で七五万棟、土砂災害による全壊で六〇〇〇棟、全壊および焼失棟数合計が約二三八万二〇〇〇棟となっている。東日本大震災では、全壊家屋数が一一万三〇〇〇棟であるから、実に約二一倍となる。経済被害については、被災地での資産等の被害は約一六九・五兆円、全国の生産・サービス低下による被害が約四四・七兆円となり、合計で二一四・二兆円に達する。ただし、経済被害については、約三〇項目を評価しなければならないが、そのうち、定量化できるものが約三分の一であり、これを考慮すれば、五〇〇兆円を超えてもおかしくないと言えよう。

つぎに、WG1の報告による最小一〇メートルメッシュの各地の津波高さに基づく被害の特徴を紹介するが、つぎのことを念頭に置いて判断しなければならない。すなわち、津波断層モデルM九・一で計算する場合、八つの断層パラメータの設定条件によっては、一メートル前後の変化は起こりうるということである。たとえば、大阪市港区には高さ三・八メートルの津波が地震の約二時間後に来襲すると想定されているが、高さは四・八メートルあるいは二・八メートルかもしれないということである。

東海地方

静岡県では一〇メートルを超える津波が一七市町を襲い、その内、四市町では二〇メートルを超える。伊豆半島の下田付近で最大の津波高さは約三三メートルとなり、静岡市に向かって一一メートル程度まで徐々に津波の高さは低くなる。ただし、津波の高さ変化は、水深変化よりも湾の形状に大きく左右されるので、近接地で高さが倍・半分は起こりうる。既存の堤防を越流する高さ五メートル程度の津波の来襲は、地震発生後五分から一五分程度であり、俊敏な避難行動の開始が求められる。水平避難より垂直避難を進めるべきであろう。津波避難タワー、避難ビル、命山(いのちやま)の建設が求められる。

浜名湖への津波の流入量は開口幅に大きく左右されるので、複数の津波で開口幅が拡大することになれば、湖岸に面した浜松市と湖西市の市街地は大きく被災することになろう。名古屋市は高潮防潮堤を超えてくるので、仮に液状化などによる高潮防潮堤や海岸護岸の沈下が起こると、最大八キロメートル近くも内陸部の市街地のはん濫域が拡大し、名古屋市内の最大浸水深は三メートル弱となる。浸水面積は約七三平方キロメートルとなる。中部空港は若干浸水するが、想定の津波高さを一メートル上回ると、もし護岸が被災しておれば、ターミナルビルを除いて水没する。三重県では、鳥羽市付近までの伊勢湾沿岸には一〇メートルを超える津波は来襲しないが、海岸低平地が多いので、浸水地域が広域となり、多くの住民が孤立する恐れが大きい。

紀伊半島

三重県の鳥羽市から時計回りで和歌山市までの紀伊半島沿岸部は、潮岬に近いほど第一波の津波の来襲時間が短く、最短五分程度で最大津波が来襲する。志摩半島沿岸は典型的なリアス式海岸なので、湾ごとに津波高さが大きく変化し、二〇メートルを超える津波が来襲する市町は四を数え、一〇メートル以上は四市町で起こる。紀伊水道に面した和歌山県沿岸では、一六の市町で一〇メートルを超える津波がやってくる。時間経過とともに、対岸の徳島県沿岸での津波の反射波も波源からの津波と重なって来襲するので、波高が大きく、かつ複雑に変化する。これは、対岸の徳島県沿岸も同様である。和歌山市や海南市は五〜七メートルの津波が来襲し、海につながる市内河川や小水路からのはん濫には要注意である。海岸に沿って走る国道四二号線と紀勢線は随所で寸断され、陸の孤島になる市町村が続出する。耐震強化岸壁は、津・松阪、浜島、吉津、四日市、下津、田辺・文里、新宮、日高港に存在するが、津波のために港湾機能がマヒする恐れがある。南紀白浜空港が活用できるかどうかが災害発生時の初動対応の成否の鍵を握っている。熊野灘の七里御浜は約二二キロメートル続く日本で一番長い砂礫海岸であるが、近年は海岸侵食が進行しており、背後の防潮林の効果はあまりないと考えねばならない。

大阪湾

紀淡海峡を通過した津波は、湾奥の大阪市に向かって、大きくなると考えてよい。五メートルを超える津波は来襲しないと考えてよいが、堺泉北コンビナートは地盤高が低く、また液状化も発生するので、水没すると考えられる。関西空港は中部空港と同じく、若干浸水するが、想定の津波高さを一メートル上回ると、もし護岸が被災しておれば、ターミナルビルを除いてA滑走路は水没する。この場合、地下空間の重要な施設も水没するので、空港再開に長期間を要することになる。大阪市域の高潮防潮堤は計画高潮として三メートルを想定している。そこに高さ三・八メートルの津波が来襲するので、越流は免れない。

現状では、JR大阪駅と南海電鉄の難波駅を結ぶ御堂筋より西部は浸水し、この地域は海抜ゼロメートル地帯ということもあって、最大浸水深が五・一メートルとなり、九つの区で最大浸水深が三メートルを超え、市域の三二パーセント(約七二平方キロメートル)が浸水する危険性がある。したがって、大阪市は住民の避難用におよそ一三〇万人分(二〇一七年一〇月現在)の津波避難ビルの指定を終わっている。

ここで大きな問題となるのは、大阪府と兵庫県の犠牲者数が政府発表の結果と著しく相違することである。たとえば、大阪府は一三万四〇〇〇人(九八〇〇人)、兵庫県は二万九〇〇〇人(七四〇〇人)となっている(いずれもカッコ内は政府発表)。なぜこれほどの差が出るのか、その原因は都市域での評価の差である。両府県で市域の犠牲者の多い順は、大阪市が一一万九三三九人、神戸市が九二六四人、尼崎市が八二九一人、西宮市が六九七四人、堺市が六〇三二人、高石市が二二八五人と続く。いずれも堤防が壊れた場合を想定しており、浸水域の広さが広くなり、さらに大阪市では浸水が海抜ゼロメートル地帯に生じているので、その影響が顕著に出ていると言えよう。

徳島県・高知県・宇和海

高知県では一九の市町で一〇メートル以上の津波が来襲し、その内、八市町は二〇メートル以上、二町が三〇メートル以上で、最大は黒潮町の三四・四メートルである。隣接の徳島県と愛媛県ではそれぞれ四市町と三市町で一〇メートルを超える津波となる。高知県の人口である七一万人の四七パーセントを占める高知市は、浦戸湾に一四・七メートルの津波が来襲する。

気を付けなければならないことは、地震と同時に高知平野が沈下するということで、M九・〇であれば約二メートルの沈下になる。そうすると、津波が来襲する前に市街地は浸水する。一九四六年にM八・〇の昭和南海地震が発生した当時、一・二メートル沈下したことがわかっている。これは、高知市がプレート境界地震時に沈下するという境界線上に位置しているためである。したがって、この線上にある和歌山県田辺市、三重県津市、静岡県浜松市も沈下すると考えなければならない。

さらに、津波来襲時に土佐湾沿岸に沿ってエッジ波が発生するということである。入射する津波に対して、それとの直交成分が発生するためであり、土佐湾に沿って長周期で東西方向を往復することになる。このエッジ波の存在は、二〇〇三年十勝沖地震でも釧路で観測されており、津波とエッジ波が重なって、最高波が観測されている。

高知県の沿岸部では、高さ一〇メートル以上の津波が来襲する自治体数が静岡県や和歌山県より多いにもかかわらず、犠牲者数が三番目に位置しているのは、沿岸部に居住する人口が少ないからである。この事実は、津波避難ビルの数が極めて少ないことにも対応している。高知県では津波避難タワーが二〇一七年現在、一〇〇基も建設されているのは、この理由が大きい。高知龍馬空港は、東日本大震災時の仙台空港のように、津波のために長期間使用停止になると考えられる。宇和海沿岸はリアス式海岸となっており、津波高さが極めて大きく変化するので、津波来襲時の沿岸域での移動は極めて危険であろう。

日向灘

かつては、当海域で起こる日向灘地震は南海トラフ沿いの地震とは異なるものと考えられていた。当海域では、一九〇〇年代にM七クラスのプレート間地震が五回も発生し、最大で数メートルの高さの津波を発生させた。この海域でM八クラスの地震が発生しないのは、フィリピン海プレートのユーラシアプレート下部への潜り込み量が年間一〇センチメートル程度と大きく、両プレート間のカップリングが強くないために、ひずみエネルギーが蓄積しにくいからであると考えられてきた。

しかし、今回の見直しで東方の南海地震と一体として取り扱われることになった。仮にこれまでのようなM七クラスが頻発しないとなると、当然、ひずみエネルギーは蓄積され、巨大津波が発生することになる。従来考えられてきた以上の高さの津波が来襲する危険性があることを、住民は理解しなければならない。宮崎県では九市町で一〇メートルを超える津波が来襲する。したがって、犠牲者数も三重県と同程度発生すると想定されている。とくに心配なのは大淀川の河口であって、冬季に閉塞することが多く、そうなると津波高さが大きくなり、宮崎空港や宮崎市内のはん濫被害が大きくなろう。大分空港も、想定津波高さの一メートル程度高くなるだけで、全域水没する恐れがある。

沖縄県・鹿児島県・熊本県・長崎県

沖縄県の大部分の市町村では、津波高は二メートルから四メートル程度であるが、津波は島や半島に集中する特徴があり、局所的に巨大な津波になる場合があるから要注意である。

鹿児島県では、離島に津波が集中し、たとえば、屋久島町で一二・九メートルの津波高さになるほか、西之表市で一二・四メートルと想定されている。これらの津波が三〇〜四〇分後に来襲するので、事前の避難訓練は必須である。鹿児島（錦江）湾は平均水深が一一七メートルと深いために、湾内に進入した津波の伝播速度は時速約四〇〇キロメートルに達し、湾口から湾奥の鹿児島市までわずか五分で津波が来襲する。この湾内に位置する市町では津波高さは三〜四メートル程度であるが、津波が佐多岬や指宿市に到達してからでは、避難する時間がほとんどないと考えなければならない。

大隅半島や薩摩半島で回折（背後に回り込む現象）した津波は、東シナ海を北上し、熊本県や長崎県の西岸に、津波高さが四〜五メートルとなって来襲する。不知火海や有明海に進入した津波は高さが三〜四メートルであるが、多重反射するので、津波は時間的に複雑な挙動を示すことになる。少なくとも第一波が来襲してから約六時間は要注意であり、もし海岸堤防や護岸が液状化による不同沈下をすれば、満潮時には大きな浸水被害をもたらすことになる。

瀬戸内海

紀淡海峡や鳴門海峡、豊予海峡が狭窄部となっているため、短周期(波長が短い)の津波は侵入しにくくなるので、瀬戸内海全域で津波高さは五メートル以下になると考えてよい。ただし、沿岸各地に低平な埋立地が広がっており、海岸護岸や防波堤が地震で被災すれば、海岸低地での液状化も加わり、広域にわたる浸水被害が発生する。瀬戸内海における津波被害は津波の高さによるものよりは、津波の流れによる被害に注目しなければならない。たとえば、従来の南海地震がM八・四以上で発生すると、瀬戸内海のほぼ全域で津波による流速は毎秒五〇センチメートルを超えるので、養殖いかだの係留索はすべて切断されると考えてよい。そうすると養殖いかだが津波とともに海岸に押し寄せ、大きな被害をもたらすことが心配される。津波による流失を防ぐためには、日頃から養殖いかだを退避させる訓練や係留索の補強が必須となろう。

3　いかにして津波被害を少なくするか

なぜ逃げないのか

二〇一一年に東北地方が見舞われた津波災害では、約三〇パーセントの人びとが逃げなかったことがわかっている。その一方で、「釜石の奇跡」と言われるように、三〇〇〇人近い小・中学生がほぼ全員助かったという事実がある。なぜ、このような差が出るのだろうか。それを明らかにしなければ、災害情報の質の問題になってしまうだろう。事実、社会科学的なアプローチで避難問題を検討している研究者は、大半がそう考えている。

なぜ、小・中学生はすぐに逃げたのか。それは、それが正しいということを学校で学んでいたからである。小学校や中学校では、先生は正解のある問題しか教えていない。万難を排して逃げることが正解であると教えられていたから、それを実行したのである。ところが一歩社会に踏み出すと、私たちは正解が容易に見つからない問題に多く直面する。たとえば、車で外出中に津波警報が出て避難勧告が発令されたとしよう。そのとき、家には一人では行動できない高齢の祖母がいたとすれば、家に戻って一緒に逃げようとするのではないだろうか。これには正解はないはずである。その時、とっさに判断しなければならない場合、何があろうと一人で逃げることが正解とは限らないはずである。

「津波てんでんこ」は、一九九〇年に岩手県田老町（現宮古市田老地区）で開催された第一回全国市長村津波サミットで講演した山下文男氏が一九三三年の昭和三陸津波で経験したことを述べたものである。決して美談ではない。なぜ、避難指示や勧告に従わなければならないかといえば、かけがえのない命を失えば、関係する人に生涯にわたって続く悲しみを与えるからである。二〇一一年東日本大震災では、小・中・高校生のおよそ一七〇〇人が親を失った。残された彼らは一生、悲しみから逃れることはできない。だから、命を亡くしてはいけないのである。命を落とさないためには、逃げればよいのである。

津波避難タワーの隠れた効果と地震・津波観測監視システム（DONET）

ハード防災施設というのは、津波防波堤や津波避難タワーのように、構造物を建設することによって、津波の力を弱め、犠牲者を少なくする効果があるものを指す。しかし、このような直接の効果だけでなく、間接的な効果があることがわかってきた。たとえば、南海トラフの巨大地震が津波断層モデルのM九・一で発生した場合、三四・四メートルの津波が来襲することになっている高知県黒潮町では、この値が発表された途端、それまで実施してきた津波対策が全く役に立たないという無力感が町民を襲ったことは想像に難くない。しかし、町内に津波避難タワーが完成し、これが増えるにつれて、「津波が確実に来る」ということや、「逃げなければ、命をなくす」ということが町民のあいだに浸透し、津波避難訓練に積極的に参加するようになったそうである。もちろん、大西勝也町長の先導で、約二〇〇人の職員全員が町の防災担当になって、防災における二〇の指針に従って住民の啓発を進めたという効果もあり、それらの相乗効果によって、賑わいのあるまちづくりにつながったことがわかっている。地震が起これば、必ず三四・四メートルの津波が来るというわけではない。しかし、その事実を理解しつつも、逃げなければ確実に命をなくすということが町民に浸透したことが重要なのである。

また、人的被害はもちろん、社会経済被害を少なくするために、地震に対しては緊急地震速報の高速化が、津波に対しては早期検知が喫緊の課題となっている。そこで、南海トラフの地震、津波を常時観測・監視するため、紀伊半島熊野灘沖から、四国・室戸岬沖の海底約五〇カ所に地震計と津波計などで構成される地震・津波観測監視システム(DONET)が運用されている。なお、同様の日本海溝海底地震津波観測網(S-net)が、東日本太平洋沖一五〇カ所に敷設されている。

終章
津波災害に備える

総強化ガラス張りの阪神・淡路大震災記念 人と防災未来センター(高さ約 45 m)の東壁面では，外からわかるように，高知県黒潮町に来襲する高さ 34.4 m の津波高さを大きな矢印と数字で明示している．到着した来館者は，その高さの凄さを実感しながら館内の震災の展示へと導かれる．毎日，日没後 2 時間は，全館をライトアップしているので，夜でも目視できる．

1　日本の津波対策と課題

ここでは、津波対策に対するわが国の現状を紹介し、今後取り組んでいかなければならない課題について考察を加えたい。

津波の危機管理

津波も自然災害であるから、その危機管理では洪水や地震などの災害と多くの共通部分をもっている。まず、もっとも基本的なことは自助、共助、公助の組合わせである。最近では企業の防災・減災努力が被災地の復旧・復興過程では不可欠であることから、新たに「産助」も加えた、四つの組合わせが必要となっている。しかも、防災・減災努力は企業の社会的貢献として、企業統治、法令遵守、社会的責任という現代の企業に必要な要素とも深くかかわっており、かつてのように企業活動のお荷物とみなされていない。とくに、勤労者が防災・減災の素養をもつことは家庭防災・減災努力に直結するものであるから、ますます活発化することが望まれている。

まず、自助とは、自分と家族の安全の確保である。その第一歩は、住んでいるところの地域的および歴史的な特性を知ることである。津波は歴史的にくり返し来襲する。過去の津波災害を知ることは未来の津波を知ることに通じる。近地津波や遠地津波は、私たちが住んでいる沿岸にどのようにやってくるのかとか、どれくらい時間的余裕があるのかを知ることは大切である。とくに、災害時要援護者となる乳幼児やハンディキャップをもっている高齢者が家庭内にいる場合は、具体的な避難計画を作っておくことが大切である。家族だけで対処できない場合は、共助による地域コミュニティの支援を求めることになろう。

共助における重要な視点は、初めから完璧を目指さないことである。目標を設定して、それに向かって多くの人の知恵を借りるようなやり方がもっとも望ましい。なぜなら、避難の問題が自分の問題になるからだ。本書で紹介したような「津波てんでんこ」が当てはまるような津波常襲地帯はそれほど多くない。むしろ組織的な避難行動によって、最小限の人的被害にとどめるという実践的な目標が必要である。そして地域住民に必要な思いは「津波で死んではいけない」という決意である。自分の命を必死に守ろうとしない人は、結局は津波に命をとられてしまうのである。個人情報保護が災害対応の障害になっているということをよく耳にする。しかし、災害時要援護者が生き残りたいと強く願うかどうかが肝要で、行政の問題ではないはずである。

そこで、公助の役割である。まず、住民の命をどのようにして守るのかという方法が、わかりやすく提示されなければならない。ハザードマップをどのように活用するのかとか、避難勧告がどれくらいの時間で、どのような方法で各家庭に届くのかとか、担当者は自分の家族に話しかけるような丁寧さで説明しなければならないだろう。高齢者はハザードマップの上で自分の家の位置すらわからない場合が少なくないからだ。そして、頻繁に避難訓練をくり返すのである。知識が行動に結びつくには、行動を起こすことに対する意識上の障壁を低くすることが大切である。阪神・淡路大震災のもっとも重要な教訓の一つは『災害時には日ごろからやり慣れていることしかできない』ということである。言い換えれば、『日頃やってないことは失敗する』ということである。これは広義の「備える」ということである。

わが国の津波防災でもっとも大きな課題となっているのは、自助、共助、公助のどのレベルでも、津波と人びとの防災意識との距離が年々遠くなっていくことだろう。意識して自らの問題と捉えることが原点であろう。

津波防災施設・装置を用いた防災

津波の大きさを低減させるには、湾口の大水深部に津波防波堤を作るのが一番効果的である。岩手県の釜石市や大船渡市は際立って安全になっている。高知県であれば須崎市である。

ところが、まちは安全になったにもかかわらず、企業活動が低迷し、人口が増えていないのである。たとえば、釜石の湾口防波堤の総工事費は一二一五億円であったが、建設当時の人口が約四万人であったから、住民一人当たり三〇〇万円の税金が投入されたことになる。これだけの防災投資をしたにもかかわらず、人口が減少し、地域の活性化に防波堤建設が貢献していない。このような高価な防災施設が、地域づくりに活かされていないところに、問題がある(政府・自治体は、事業における「防災」を際立たせないように、港湾機能の高度化など多様な目標を挙げているから、なおさらその方向で努力する必要がある)。

二〇一一年東日本大震災に際して、この防波堤は液状化と巨大な津波のために大きく被災した。しかし、釜石の市街地に到達する津波の高さを約三〇パーセント減少させ、到達時間を五分遅らせて、被害を少なくすることに貢献したことがわかっている。そこで、この防波堤は再建されることになり、工事が始まっている。

奥尻島の青苗地区もそうである。安全になった素晴らしい漁港、嵩上げされた居住域。しかし、人口減少が続き、活気が見られない。不幸な災害をきっかけとして、魅力ある地域づくりに結び付けようとする関係者の識見や熱意がさらに必要だったのではないだろうか。このようになったのは、少ない関係者による検討で、短期間に結論を出さざるをえず、経費に見合う投資効果が深く議論されていなかったからである(安全だけを優先したまちづくりをしてしまった)。復興計画に将来の夢や希望につながる事業がほとんど議論されなかった。

たとえば、住民の約三分の一に当たる七〇人が死亡した青苗五区は、居住禁止になってしまった。そこには現在、津波慰霊碑と津波館しか建てられていない。これだけの広大な平地は島内にはないのに、利用していない。空港があり、観光資源が豊かにある地域を積極的に活用し、島の経済基盤を強化しようとしなかった関係者の罪は大きいと言ってよいだろう。

その反省もあって、二〇一一年東日本大震災の復興に当たって、新たに「津波防災地域づくりに関する法律」が制定され、津波防波堤の建設や高台移転とセットになった面的防御の方策が採用されている。

次ページの図は、津波防災・減災アセスメントの内容を網羅したものである。これらを適切に組み合わせて実行すれば、確かに防災・減災は実現できる。たとえば、ＧＰＳ波高計は、近地津波の波源域に設定すれば、いち早く津波の来襲を知らせてくれる。また、最近開発された

津波防災・減災アセスメントの内容

災害を知る ハザードアセスメント	弱いところを知る 脆弱性アセスメント	対策を知る 防災力アセスメント
・津波の発生特性（アスペリティ，発生機構） ・方向分散と周波数分散 ・変形（屈折，反射，分裂，回折） ・津波の波圧，波力 ・津波の水粒子速度 ・津波の伝播速度 ・最大高さ／最高潮位／最低潮位 ・最短来襲時間 ・継続時間 ・遡上，はん濫 ・津波の衝突音，接近音 ・洗　掘	・人的，物的被害 ・津波常襲地帯 ・土地利用計画，管理 ・地下空間水没 ・津波災害史 ・災害後の都市計画の事前策定 ・複合災害 ・行政の対応能力 ・備　蓄 ・ボランティア ・財　源 ・漁業被害 ・船舶被害	・津波防災戦略，戦術 ・津波防波堤，避難塔，人工地盤，津波水門，鉄扉，陸閘 ・危機管理 ・GPS 波高計，地震計の情報（早期警報システム） ・津波警報の発令，解除 ・避難勧告の発令，解除 ・津波避難訓練 ・津波ハザードマップ ・生存避難 ・港湾，漁港での船舶の運用 ・津波防潮林 ・高台移住，再定住計画 ・津波防災教育 ・津波防災ステーション

海洋波レーダーを既存の灯台に併設すれば、津波の早期検知のみならず、日常観測として、半径五〇～六〇キロメートルの周辺海域の波の状況も発信できるという長所を有している。このほか、津波避難塔や津波避難ビルなど、どのような施設や装置があるのかについては、インターネットを用いれば簡単に知ることができる。

この節の目的は、ハード防災の充実に際して、考えなければいけないことを示すことである。残念ながら図に示した各種アセスメントは、津波常襲地帯を〝守る〟ものであって、日頃は役に立たない。すなわち、災害という非日常に起こる現場で役立つ装置である。これでは普及に時間がかかるのは当然である。

ここで、施設や装置を使ったハード防災を、もっと積極的に地域づくりに活用する方法を開発することが必要なことに気づく。災害前より人口が増え、経済的にも活性化するという姿にもっていかなければならない。

そのためには、一九六一年に施行された「災害対策基本法」では不十分である。なぜなら、災害からの復興を視野に入れた法律ではないからである。しかも、多くの政府・自治体関係者は復興事業を災害対策本部が所掌する業務だとは考えていない。復旧事業が終われば本部を解散してもよいと考えたり、あるいは要員をもとの部署に戻している。これでは、被災地は復旧しても将来の展望が描けず、結局寂れてしまうばかりである。

このように、これまでの公助による防災・減災の取組みを、もっと復興過程まで継続できるような法律の枠組みの改正が必須となっている。

漁船・養殖いかだ被害対策

津波被害では人的被害に焦点が当てられるが、生活被害という観点からは漁業被害、とくに漁業施設についての被害軽減は重要である。二〇一〇年二月二八日の午後に来襲したチリ沖地震津波で、わが国の水産被害は約六三・八億円であったが、大部分は養殖施設とそこでの水産物被害である。そのうち、宮城県では四二・五億円、岩手県では一八・二億円となり、両県で被害額全体の九五・一パーセントが発生した(筆者は、朝六時過ぎに高知、三重、和歌山、兵庫、大阪の各府県の危機管理部局に、「今回の津波は高さ的には心配ないが、養殖いかだを中心に漁業施設の被害が大きくなる危険があるので、まだ時間に余裕があるから、移動や確保などの対策を講じてほしい」との趣旨の電話を入れた)。五〇年前のチリ津波の映像や被害のことを熟知していたから、このようなことを伝えることができたのである。これも遠地津波のような低頻度災害を忘れない防災研究者の務めだと考えている。

さて、漁業被害としては物揚場や埠頭、漁業組合の建物、冷蔵施設の破壊など多岐にわたるが、漁船被害と養殖いかだ被害が代表例であろう。これらについての対策を示してみよう。

(1) 漁船被害と対策

漁船の被害は津波の高さが一・五メートルを超えると発生することがわかっている。北海道南西沖地震津波に比べて日本海中部地震津波の方が、同じ津波高さに対して漁船の被害率が大きかったので、それを最悪の関係式として示すと、つぎのように簡単に表される。

漁船被害率（漁港内に係留されている漁船数のうち被害を受ける漁船の割合%）

＝一二×津波の高さ（メートル単位）－二〇

である。

たとえば、一〇〇隻係留されている漁港に五メートルの高さの津波が入ってきた場合、漁船被害率は四〇パーセントとなる。対策としては、津波高さが一・五メートルに達するまでの時間内に沖合退避ができるのか、あるいは陸の安全なところへ引き揚げることができるかどうかに依存している。沖合退避する場合には、港口で津波の流れによる渦に巻き込まれないことが肝要である。

安全な海域は二〇メートル以上の水深を有する沖合であり、できれば五〇メートル以上の水深が望ましい。水深が深くてもあまり岸に近いと、津波の反射波による被害が心配されるので、離岸距離をできるだけ長くとることも必要である。

また、二〇〇三年十勝沖地震に際しては、沖合一〇キロメートル程度に出漁中の漁船に対して家族から携帯電話で津波の発生が伝えられ、急いで漁港に帰らなかったので、津波に巻き込まれることはなかった。前述したように、自治体が携帯電話のエリアメールを導入して、津波

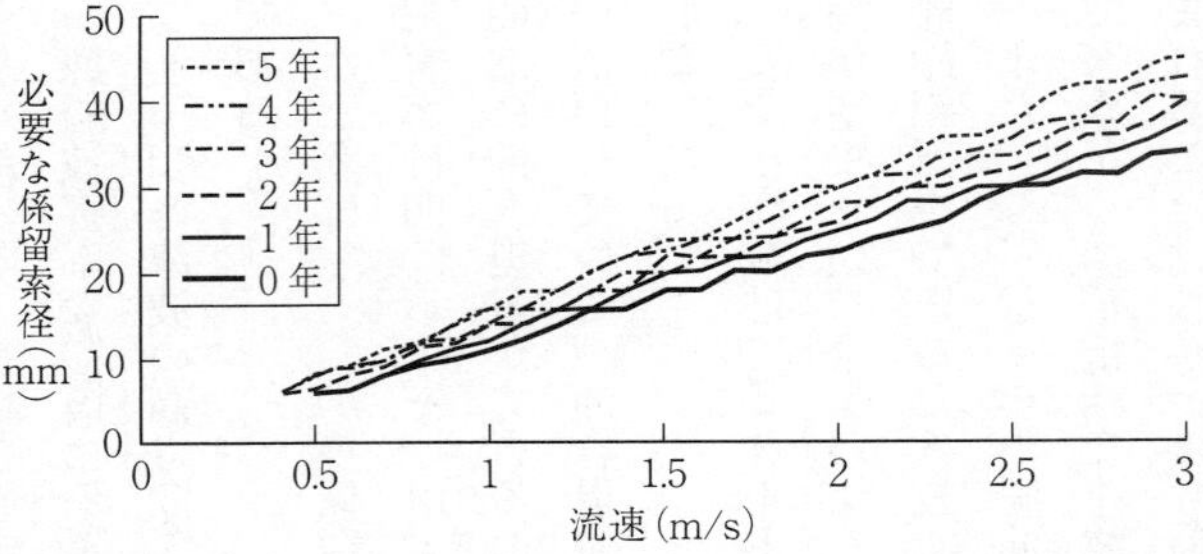

牡蠣・真珠養殖いかだの経年劣化を考慮した係留索の必要な直径

警報を伝え、避難勧告を発令すれば、もっと効果が上がると期待される。

（2） 養殖いかだ被害と対策

養殖いかだの被災形態としては、つぎの三つが代表例であろう。①係留索が切断されていかだが流失する。②揺動したいかだ同士が衝突して大破する。③いかだのフロートが流出し、あるいは垂下連が脱落して養殖物に被害が出る。

そこで、一九九四年北海道東方沖地震津波による大船渡湾内の流速分布と被災した養殖いかだの位置との関係を求めたところ、毎秒〇・五メートル以上の流速が生じた海域で被害が発生していることが見出された。

上の図は、牡蠣(カキ)・真珠養殖いかだの場合の、係留索の必要な直径と流速との関係の一例を示している。そこでは、係留索の経年劣化を考慮した。養殖いかだにはほかにも海苔いかだや小割型養殖いかだがあり、それぞれ構造が相違するので、その形式によって当然、所要係留索の直径が異なっている。すでに序章の図(七ページ)で、瀬戸内海で流速が毎秒〇・五メートル以上になる海域を示した。

養殖いかだについては、遠地津波の場合には被害軽減のために十分、時間的余裕がある。それを実行するためには、事前の漁業関係者の話し合いが必要である。なぜなら、狭い海域における養殖いかだの設置が高密度だからである。組織的な対応が被害軽減に結び付くのである。

津波防災教育

この津波大国に住む私たちにまず必要なことは、子どものころから津波のことを学ぶという機会をつくることである。小学校五年生の国語の教材として『稲むらの火』は、一九三七年から一九四七年まで用いられ、その果たした役割は大きい。筆者は『百年後のふるさとを守る』と題し、被災住民の生活再建を考え、復興事業として世界で最初の津波防波堤を建設した濱口儀兵衛の伝記の続編を書いた。文中には、津波の特性について、基本的なことも示してある。幸い、六四年ぶりに、この続編が二〇一一年度から教科書に採用された。

阪神・淡路大震災後、防災教育の重要性は多くの関係者によって主張され、具体的な事業も開始された。たとえば、児童教育用の津波に関するＤＶＤの製作は三重県と和歌山県教育委員会が実施し、高知県では児童を対象とした漫画を多用したパンフレットも作成された。絵本や漫画づくり、あるいは「クロスロード」のようなゲームも開発された。これらは総合学習の時間などを使って、とくに防災教育に熱心な教諭に支えられて現在に至っている。

また、現地での教育・啓発施設として、たとえば二〇〇九年九月には大阪府の津波・高潮ステーションが開設され、二〇一〇年九月には上の図に示したように淡路島の福良に、兵庫県が津波防災ステーションを開設した。これらは、現場で津波災害について「知る、備える、体験する」ことができる施設である。また、後者はわが国で初めて、観光客の避難所としても利用できるようになっている。

津波常襲地帯を訪ねると、多くの石碑や施設が存在することがわかる。しかし、大半の石碑は草むらの中に埋もれていたり、記念館などの施設も維持管理が大変だということが外から見

2010年9月に淡路島の南端の南あわじ市福良港に新設された津波防災ステーション(当地では，将来，南海トラフ巨大地震が発生すると，50分後に高さ5.3 mの津波が来襲し，約3,000世帯が水没すると予想されている．渦潮をイメージする外観)

ていてもわかる。これらをもっと活用できるような仕組みづくりが遅れている。たとえば、ロンドンのテームズ川にはテームズ・バリアーと呼ばれる高潮防潮水門があるが、そのそばに3Dの記念館があって地元のNPOが管理している。入場料は三・五ポンドで、記念のグッズも売られている。左図のハワイの太平洋津波ミュージアムも一九三一年建設の歴史的建物を地元の銀行が寄付し、地元のNPOが管理している。要は、公的支援はなくても、長期にわたって運営するノウハウをもっているかである。

ハワイにある太平洋津波ミュージアム

ひるがえって、わが国はどうであろうか。世界最大の釜石の湾口防波堤や、大船渡にある世界初の大水深津波防波堤の近くには、そのような啓発施設はない。前者がギネスブックに登録されたぐらいである。これでは、なぜ公共事業として、巨費を投じて作る必要があるのかを多くの国民に理解してもらうことだけでなく、津波先進国のわが国の防災事業を国際的に紹介することも不可能ではないだろうか。ミュージアムがあれば、なぜ、そのような施設が必要なのかとか、津波防災の原理をわかりやすく説明することは可能であるし、それが私たちの財産になるはずである。

治水に貢献している多くのダムがあるにもかかわらず、環境保護の観点から、すべてのダムが無駄であるかのような評価を受けていることも情けなく思う。ダムをはじめとする、防災のための公共事業の必要性を積極的に示してこなかった関係者と、直接の工事費以外に、ミュージアムの建設や、地元住民に配慮した維持管理方法の導入、子どもたちの防災教育への積極的活用を認めてこなかった財務当局の見識のなさに憤らざるを得ない。

これに関係して、高校生の理科離れが続いている原因の一つは、理科実験室の貧弱さである。ひと言で言えば、〝魅力がない〟のである。これでは自然現象に興味をもてという方が無理であろう。

「世界津波の日」の制定

津波のような巨大な破壊力をもっているものに対して、情報だけでは命しか守れない。津波の常襲地帯では命だけでなく、家や財産のすべてを周期的に失ってきた。やはり必要な最低限の知識の習得と防災施設の建設は実行しなければならない。しかし、ハード対策だけで被害を抑えられるわけでなく、ソフト対策を加えて、減災が実現できるように願いたい。

戦前の小学校五年生の国語の教科書に『稲むらの火』が教材として使われた。安政元年（一八五四）一一月五日の夕方、安政南海地震が発生し、庄屋の濱口梧陵（儀兵衛）が、稲刈り後、天日乾燥していた稲束に、たいまつでとっさに火をつけ、住民を安全に津波から避難させたという逸話である。それだけではない、濱口は私財を投げうって津波防波堤を築造するために、田畑に塩水が入って耕作不可能なために、離村せざるを得ない村人を雇用し、村の再建を図り、一九四六年の昭和の南海地震津波の被害を防いだのである。筆者は、二〇〇九年に濱口の津波後の活躍を『百年後のふるさとを守る』という教材として執筆した。一〇ページにわたるこの教材は、二〇一一年四月から、毎年、全国の小学五年生、約七〇万人に、少なくとも八年間、使用されることになっている。

そして、二〇一一年六月に、津波被害から国民の生命、身体・財産を保護することを目的に「津波対策の推進に関する法律」が制定され、一一月五日を「津波防災の日」とすることになった。しかも、その後、「津波防災の日」を「世界津波の日」にする努力が継続され、二〇一五年一二月の国連総会で「世界津波の日」を制定することが満場一致で可決された。

そこで、政府はこの日を世界の国ぐに、人びとに知ってもらい、津波防災を推進するために「濱口梧陵国際賞」を設け、津波防災に貢献した人物と組織を対象とした顕彰制度を創設し、国際貢献することになった。それと同時に、わが国の津波防災の偉人である濱口梧陵を、世界の偉人として認めてもらう努力を継続することにしている。

2　生存避難を実行する

自助努力と生存避難

自助とは『自分の命は自分で守る』ということである。そして、生存避難とは『避難すれば助かる命を落とさない』という意味である。津波避難訓練をやっている最中に、「もうこれ以上歩けないから放っておいてほしい」とか、「自分の命だから、生きようと死のうと私の勝手だ」という高齢者に出くわす。「逃げたくない」という人を強制的に避難させるほど難しいことはない。でも、その人たちに考えてほしいことがある。それは、誰でも生まれたときは親に可愛がられ、愛されたということである。命は自分だけのものではない。多くの人に大事に育てられ、その結果、長生きできたわけである。命をもち続けることができたことに感謝する気持ちが必要なのだ。

避難情報を「正確に、迅速に、詳細に」提供するだけでは、避難行動に結びつかないことは、

第3章で示した。しかも、避難情報を高度化し過ぎると、かえって避難行動を抑制することもわかってきた。二〇一〇年二月のチリ沖地震に際して、津波の高さの精度に対するメディアや住民の過度の要求や、津波来襲までにほぼ一日あったにもかかわらず、五〇年前のチリ津波の教訓を生かせず、養殖いかだが無残にも被災した現場状況は、漁業関係者の油断や津波情報の限界を示す具体例と考えてよいだろう。

では、一体どうすればよいのだろう。津波来襲まで時間的余裕がないときに、どのように行動すればよいのだろう。まず、考えなければいけないことは、失敗すれば命を落とすということである。だから、失敗しないように訓練をしなければならない。拙著『これからの防災・減災がわかる本』(岩波ジュニア新書)のまえがきに、私が穂高岳で遭難しかけたことを簡単に紹介した。このときの私の行動は、津波の避難行動を考えるヒントになると思われるので、少し詳しく経緯を紹介しよう。

大学二回生になったとき、将来、冬山を目指すために、ワンダーフォーゲル部の先輩から冬山訓練を受けることになった。五月のゴールデンウイークに穂高岳の岳沢で、雪面上を滑落したときにピッケルで止まる方法やアイゼンをつけて歩行する際の注意などを徹底的に教え込まれた。さらに、京都の洛北の金毘羅ロックゲレンデでロッククライミングを練習し、毎晩、京都御所までランニングすることが日課になった。そして、夏休みの三〇日以上、南、北アルプスを縦走することが冬山に行くための条件であった。それを経て先輩に指導されながら冬山を始めた。だから、四回生になって、私が四人パーティのリーダーで穂高岳に行ったとき、自分自身には何の不安もなかった。

頂上付近で雷鳴を伴ったみぞれが降りだし、急遽、急勾配の雪渓を下るときも余裕があった。しかし、友人が転倒し、私目がけて八本歯のアイゼンを下に向けて滑落してきたとき、私はピッケルのシャフトを雪面に深く突き刺し、彼を止めるために身構えた。それで止められると思った。しかし、気がつくと彼は私の体をすり抜け、ゆっくり落ちて行きかけた。そのとき、私は右手で彼の襟に夢中で飛びついた。そして二人は一二〇〇メートル滑落し、滝の上で奇跡的に止まった。雪渓を滑落していく途中、飛び去っていく黒い岩影に気付きながら「死ぬかも知れない」と一瞬思ったが、冷静に右手の手首のピッケルバンドを手繰り寄せて、ピッケルのシャフトを左手で思い切り雪面に突き立てた。その結果、少しずつ滑落速度が遅くなるのを感じた。

津波の避難行動もこれによく似た訓練を経て、実行につながると思われる。その順番は、つぎのようである。

(1)津波に関する包括的な知識を身につける。
(2)まず、自分が助かるためにはどのように避難すればよいかを訓練で覚える。
(3)さらに、家族や近隣の人を助けるために、自分の役割をはっきりと認識して、一緒に訓練する。このとき、避難行動を困難にする制約条件を話し合いで明らかにし、状況認識を共有して近隣の人との楽しい関係をつくる。
(4)その間、地域コミュニティにおけるお祭りや子ども会の行事など、いろいろな活動を通して、住民同士が楽しい経験を共有して親しくなる。
(5)災害図上訓練(DIG)で、さらに実際に避難する場合の問題点を共同作業で見つけて、改善策を考える。

これからわかるように、住民が避難訓練に参加しなくて、実際のときに避難を実行できるはずがないといえる。しかも、単に避難するだけでなく、そのときの役割をはっきり理解して、それも実行に移すことである。命がかかっているのだから、これくらいはやらなければならないと考えたい。

語り継ぐことの大切さ

災害の体験・経験は起こった瞬間から風化が始まる。そして、気がついたときには、大切な人を失った人とその周りの人にだけ、悲しい思い出がいつまでも付きまとっている。悲しさを体験した人は、その苦しみをもったまま生き続けなければならない。ＰＴＳＤ（心的外傷後ストレス障害）は、阪神・淡路大震災をきっかけとして、よく知られるようになった。しかし、いくら時間が経過しても、深く心が傷ついた人は癒えないのである。

風化するようでは、災害で亡くなった犠牲者に申し訳ない。亡くなった人たちが私たちの記憶の中に生き続けることが、いま生きていることに対する感謝であり、二度と災害に遭遇しないことにつながる。災害を忘れることなく、現在に生き返らせるためには、語り継ぐことが大切である。

筆者がセンター長を務める阪神・淡路大震災記念 人と防災未来センター（左図）では、二〇〇二年の発足以来、この震災を語り継ぐことの大切さを認識し、ボランティアの「語り部」にお願いして、来館者に被災体験を語っていただいてきた。修学旅行でセンターを訪れた中学生や高校生の感想文には、いかに感動したかという文言があふれている。本物に接することが今の時代にはとくに必要なのである。

センターで語り継ぐ活動を継続する一方、二〇〇四年には、翌年神戸で開催される震災一〇年に呼応した国連防災世界会議に向けて「大災害を語り継ぐ」ことを提言した。その内容は、つぎの通りであった。

(1) いずれの被災地においても、各国政府や人びとは、地域における市民の大災害の「語り継ぎ」を事業化する努力を開始すべきである。それによって過去の悲劇を再びくり返さずに済むことになるのである。

(2)「語り継ぎ」を行うには、展示施設や「語り部」の活動、映像、漫画、音楽、地域のお祭り、その他各種の教育活動など、多くの方法があるが、その最大の長所は、大きなコストをかけなくてもできることである。各国政府や支援機関は、「語り継ぐ」ことの重要性を理解し、これに対する支援をぜひ始めていただきたい。

神戸に建設された阪神・淡路大震災記念 人と防災未来センター(左：防災未来センター，右：人未来センター)

幸い、この提言に沿った試みが継続されている。これは被災地の阪神・淡路地区だけの試みではなく、世界各地の被災地でも実施されている。そこで、世界各地で起こった災害の教訓を共有するために、博物館やミュージアムのネットワークづくりを行ってきた。そして、二〇一〇年三月に「世界災害語り継ぎフォーラム」を三日間にわたって開催した。

津波については、二〇〇四年インド洋大津波に際し、インドネシアのシムル島(人口七万八〇〇〇人)では、一九〇七年の津波の教訓が歌になって受け継がれており、『海の水が引いたら、山に逃げろ』という知恵が歌詞になっていた。住民は三〇メートル以上の高台に避難し、死者はわずかに七名に留まった。

ハワイの太平洋津波ミュージアムでも、図のポスターに示すように、毎年、語り継ぎの行事を継続している。前述の語り継ぎフォーラムに参加した各国の関係者が、自分たちのやってきた「語り継ぎ事業」の重要性が、国際的に共有されたことを大変喜んでいたのが印象に残っている。この活動をこれからも継続することを合意して、会議は大成功であった。草の根の活動の重要性をあらためて認識した。

わが国では、津波災害の悲惨さをくり返しながら、このような語り部の活動の存在は聞かない。津波だけではない、地震や洪水、高潮や火山噴火でも多くの被災経験を有しているが、被災者自らが語り部として、組織的に活動している例を知らない。あるのは戦争体験の語り部だけである。

歴代の語り継ぎのイベント宣伝用ポスター
（太平洋津波ミュージアム）

　これでは住民レベルの災害体験や教訓は風化し、いずれ報告書を読まなければ理解できないような事態に陥ることは必定である。阪神・淡路大震災では約一四〇万人のボランティアが活動した。その活動が直接被災者に向けられるだけでなく、このような語り継ぎに若い人たちが積極的に関わるように、多様化が始まっている。人と防災未来センターでは、震災を体験していない学生たちに「ユース語り部」になってもらい、後世に長く震災体験を語り継ぐ活動を継続することにしている。

持続可能な津波減災・縮災社会に向けて

筆者は、持続可能とは「いま私たちが持っている大事なものを失わないこと」だと考えている。大事なものとは、まず命である。それ以外のものは、家や財産、あるいは人によってそれぞれ異なるだろうが、命をむやみに亡くさない社会が『持続可能な社会』の最低条件といえるのではないか。

このように考えると、津波減災・縮災社会とは、津波で命を失う危険性が高い人たちを、何とか失わないようにする社会と定義してもよいだろう。そして、社会経済被害を少なくし、かつ被災しても復旧・復興が早く進むという縮災の考え方が重要である。これは英語でDisaster Resilience と書く。このレジリエンスの考え方を国家レベルの政策にしたものが、政府が始めた国土強靭化である。それを実現するために大事なキーワードがある。それは、「災害文化」と「ユニバーサルデザイン」である。

前者がなぜ大事かといえば、津波災害が非日常な事象だからである。津波を相手にして、構えて生活することは不可能である。構えずに生活するには、社会の仕組み、生き方のマナーの中に津波防災・減災が入っていなければならない。しかし、意識せずして災害文化ができるわけがない。そこにはこれまで私たちが経験してきたことがきっと活かせるはずである。たとえば、津波常襲地帯で公的施設を作るときは、付近の住民の津波避難も同時に考えるというような内容である。地方に行けば、公的施設としては小・中学校だけという場合もある。最近、少子化のために、あるいは校舎の耐震化を進めるために、学校の統廃合が全国的に起こっている。これに輪をかけているのが市町村合併である。

ところが、児童や生徒の通学時の安全性や、まして地域が災害に遭遇したとき、避難所になれるかどうかを慎重に考慮して、場所を決定したという話は聞いたことがない。教育委員会が自治体行政一般から聖域になっていて、立地上勘案しなければならない安全という要因など無視して決定しているのではないだろうか。だから、水害時に学校が孤立し、児童・生徒が帰宅できないということが頻発するのである。学校の安全性とは、何も不審者対策だけではないはずである。

一方、ユニバーサルデザインとは、人びとの能力や年齢、置かれた環境などにかかわらず、多数の人びとが使えることを初めから考慮して、まち、施設、サービスや情報などをデザインするプロセスと、その成果物を指す。たとえば、傾斜がある避難路を整備するとき、階段だけではなくスロープも付けるようにすることなどが挙げられる。スロープがあれば、車椅子の人や足腰の弱いお年寄りも避難しやすくなる。また、普段は不自由のない人でも、地震が起きて津波がやってくるとき、おなかに赤ちゃんがいたり、地震で足を怪我したりしているかもしれない。そういうことを事前に想定した施設づくりが求められる。

体にハンディキャップをもっている人には、津波情報がすばやく、的確に伝わらないかもしれない。そうならない工夫を多くの人びとと一緒に考えていくことがとくに大切だろう。このような取組みは、わが国のみならず世界の津波多発国でもきっと役に立つと信じている。持続可能な津波減災・縮災社会とは、人びとに対する目線の優しさから生まれてくるものといえる。

旧版あとがき

近地津波として、日本列島沿いの太平洋沿岸では、北は千島海溝から始まって日本海溝、南海トラフ沿いにプレート境界が位置し、歴史的に大津波を伴う巨大地震が発生してきた。日本海側でも、ユーラシアプレートと北米プレートの境界で、活発な地震の発生が継続している。いずれも一触即発と言ってよいだろう。しかも、環太平洋地震帯での地震活動も活発化している。二〇〇四年インド洋大津波を発生させたプレート境界の海域でも、二〇一〇年一〇月に発生した地震による津波で、インドネシア・ムンタワイ諸島では死者・行方不明者が七〇〇人を超えた。

このような地震に伴う津波多発時代の真っただ中で、私たちは生活している。その実感の中で、津波災害に被災しない努力が必要となっている。そして、努力を継続しないと、ますます被災する危険が大きくなる。本書で紹介した数々の津波災害に関する特徴をできるだけたくさんの人びとに知ってほしいと考えている。防災・減災研究者の願いは、災害に遭遇しても被災する人をできるだけ少なくしたいということである。

本書で明らかにしたように、津波の被害を軽減するためには、自然科学的および社会科学的、そして実践科学的な知識が必要である。これは何も津波だけではない。地震、洪水、高潮、火山噴火、土砂災害、渇水、豪雪などのあらゆる災害の防災・減災では、三者の知識が必須である。

わが国には、自然災害の防災・減災に関係した大きな学会が三つ存在する。設立された古い順に、日本自然災害学会、地域安全学会、日本災害情報学会である。その活動内容を自然科学、社会科学、実践科学の比率で示せば、いずれも特徴のある活動を行っていることがわかる。日本自然災害学会はその比が七：二：一、地域安全学会は二：七：一、そして日本災害情報学会は二：五：三であろう。私自身は三つの学会の会員であるからよくわかるのであるが、特定の学会にしか所属しないと、防災・減災の知識が偏るのである。このようなことは、古くから指摘されてきたが、現在に至るまで変わっていない。母体となっている会員の属する大学の学部・大学院、研究所、研究機関などで実施している研究が、すでに特徴的な内容になっているから、それを反映した学会運営になっており、仕方ない側面をもっているといえる。

本書を読んでくださった読者には、津波災害に関する自然科学、社会科学、実践科学の研究成果をバランスよくお伝えすることができたのではないかと考えている。目次構成の段階からこれを意識した内容を目指したわけである。まえがきでそれを書かなかったのは、具体例を書かずに執筆方針を示すと、かえって読者の中に混乱が起こることを恐れたからである。わが国だけでなく世界的に防災・減災に関する実践的研究が著しく不足している。そこを解決しない限り、災害多発時代に研究成果が役に立たないということが続くだろう。幸い、私は一五年前の阪神・淡路大震災で気がつくことができた。だから、本書が実現したのである。

気がつくと、津波防災・減災の研究を行って三〇年以上のキャリアを重ねることになった。この間、多くの研究者や関係者にお世話になった。まず、津波のメカニズムの理解について一番感謝しなければならないのは、東北大学名誉教授の首藤伸夫先生に対してである。先生はちょうど私より一回り上の年齢で、浅学非才の私を叱咤激励し、先生が主宰する津波研究会にも参加させていただいて多くのご指導を受けることができた。その過程で、東北大学の今村文彦教授、越村俊一准教授のほか、秋田大学の松冨英夫教授、防衛大学の藤間功司教授、関西大学の高橋智幸教授、埼玉大学の原田賢治助教、京都大学の鈴木進吾助教、人と防災未来センターの奥村与志弘主任研究員らとの国際・国内津波災害調査や共同研究を実施してきた。彼らとインドネシアやパプアニューギニアなどで酷暑の中を調査した思い出が懐かしい。彼らは大半が三〇歳から四〇歳代の新進気鋭の研究者であり、今後とも世界の津波研究、津波防災・減災をリードしてくれるものと期待している。素晴らしい研究仲間と一緒に仕事ができたことを心より感謝している。

つぎに、社会の防災力について、災害時の人間行動や危機管理を中心に、社会心理学や災害情報の専門家との意見交換や共同研究が必要で、東京大学の(故)廣井脩教授をはじめとして、田中敦教授、京都大学の林春男教授、矢守克也教授、牧紀男准教授、群馬大学の片田敏孝教授、同志社大学の立木茂雄教授とのディスカッションや現地調査を通しての知見の集積が役に立った。本書が完成したのも彼らとの膨大で継続的な共同研究のお陰である。

さらに、津波災害対策を進めるにあたって、政府・自治体の多くの関係者との情報共有が継続的に行われた。なかでも、当時、国土庁震災対策課長や、その後内閣府参事官(地震・火山対策担当)の任にあった岡山和生、布村明彦、上総周平、池内幸司、越智繁雄の各氏や、気象庁地震津波監視課長の横田崇氏らとの熱心な意見交換が基礎となっている。彼らのような優秀な技術官僚がわが国の防災・減災対策を推進しているのである。また、自治体にあっては、津波被害想定やハザードマップの作製あるいは東海・東南海・南海地震時の広域連携などで、北海道から沖縄県に至るほとんどすべての都道府県、政令市などの防災関係職員の皆さまと共同作業を重ねてきた。本書が現場でも役に立つとすれば、それは彼らとの努力の結果であり、感謝に堪えない。

そして、私のこのような研究三昧の身勝手な生活を支えてくれた妻の英子と四人の子どもたち、暁人、岳人、慈人、美波子に感謝する。

最後に、津波災害が新書で取り上げられるきっかけを作ってくださった岩波新書編集部の永沼浩一氏に感謝する。本書の構成に関する同氏との熱心なやり取りがなければ、このような充実した内容にならなかった。

二〇一〇年一二月

河田惠昭

増補版へのあとがき

二〇一一年三月一一日、東日本大震災が起こり、二万人を超える犠牲者と二〇兆円に達する社会経済被害が発生した。

しかし、これで終わりではないのである。「国難災害」と呼ばれる南海トラフ巨大地震の発生がさらに迫っている。そして、あまりの被害の大きさにもかかわらず、特効薬のような有効な対策が見つからないというジレンマに陥っている。しかも、国が潰れるような巨大災害のことなど、誰も考えたくないし、起こらないと思ってしまう。

このような状況において、防災の専門家として何ができるのか。そう考えながら、今回の増補版を執筆した。ここで書いた内容が、被害を少なくすることに使われることを願いながらである。まず、津波という現象そのものを理解することが大変難しい。たとえば、海底地震が起こると、どのような津波が発生するかということは、マグニチュードをはじめ、八つのパラメータが決まれば、精度よく推定することができる。ところが、地震が起こる前にこの八つのパラメータは決まらないのである。このために、想定される津波の特性は、確率的に表示せざるを得なくなる。これを理解するには、理科系の専門教育を受けていることが必要条件である。

そうなると、たとえば南海トラフ巨大地震が起こったとき、高知県黒潮町を襲う津波の高さ三四・四メートルは、最大ではない。八つの地震パラメータがそれぞれ一〇通りに変化するだけで、一億ケースの津波の高さが発生する。その中で、たまたま起こる可能性が高いと考えられるケースの計算結果が、三四・四メートルなのである。したがって、津波を伴う地震が起こったとき、必ず避難しなければならない。このような原則は時代を経ても変わらないものである。

今回の増補版でかなり詳細に説明したが、将来、南海トラフ巨大地震が起これば、東日本大震災の被害をはるかに凌駕するものになることは明らかである。その災害が引き金になってわが国の衰退が始まらないような工夫が必要となっている。減災・縮災の特効薬がない以上、身近な対策を継続することがとても大切である。

私は現在、中央防災会議防災対策実行会議の委員を務め、政府が現在進めている、南海トラフ巨大地震のガイドラインをどのようにまとめるのかについて、強い関心をもっている。この「国難災害」を目前に控えて、津波減災・縮災に全力を投入しなければならないと考えている。そして、それらに対する多くの皆様のご理解とご支援を必要としている。本書がいささかなりとも貢献できるのであれば、大変幸せである。
最後に、この増補版の出版に向けて努力してくださった、岩波新書編集長の永沼浩一氏に感謝する。

二〇一八年二月

河田惠昭

河田惠昭

1946年大阪に生まれる．1974年京都大学工学研究科土木工学専攻博士課程修了，工学博士．京都大学工学および情報学研究科教授，巨大災害研究センター長，防災研究所長を経て，現在，関西大学理事・特別任命教授，同学社会安全研究センター長，阪神・淡路大震災記念 人と防災未来センター長，ひょうご震災記念21世紀研究機構副理事長(兼務)．
2007年国連SASAKAWA防災賞，2009年防災功労者内閣総理大臣表彰などを受賞
専門―防災・減災，危機管理
著書―『これからの防災・減災がわかる本』(岩波ジュニア新書)，『スーパー都市災害から生き残る』(新潮社)，『12歳からの被災者学』(監修，NHK出版)，『都市大災害』(近未来社)，『にげましょう 災害でいのちをなくさないために』(編著，共同通信社)，『日本水没』(朝日新書) など

津波災害 増補版――減災社会を築く　岩波新書(新赤版)1708

2018年2月20日　第1刷発行

著　者　河田惠昭《かわたよしあき》

発行者　岡本　厚

発行所　株式会社 岩波書店
〒101-8002 東京都千代田区一ツ橋2-5-5
案内 03-5210-4000　営業部 03-5210-4111
http://www.iwanami.co.jp/

新書編集部 03-5210-4054
http://www.iwanamishinsho.com/

印刷・理想社　カバー・半七印刷　製本・中永製本

ISBN 978-4-00-431708-1　Printed in Japan

岩波新書新赤版一〇〇〇点に際して

ひとつの時代が終わったと言われて久しい。だが、その先にいかなる時代を展望するのか、私たちはその輪郭すら描きえていない。二〇世紀から持ち越した課題の多くは、未だ解決の緒を見つけることのできないままであり、二一世紀が新たに招きよせた問題も少なくない。グローバル資本主義の浸透、憎悪の連鎖、暴力の応酬――世界は混沌として深い不安の只中にある。

現代社会においては変化が常態となり、速さと新しさに絶対的な価値が与えられた。消費社会の深化と情報技術の革命は、種々の境界を無くし、人々の生活やコミュニケーションの様式を根底から変容させてきた。ライフスタイルは多様化し、一面では個人の生き方をそれぞれが選びとる時代が始まっている。同時に、新たな格差が生まれ、様々な次元での亀裂や分断が深まっている。社会や歴史に対する意識が揺らぎ、普遍的な理念に対する根本的な懐疑や、現実を変えることへの無力感がひそかに根を張りつつある。そして生きることに誰もが困難を覚える時代が到来している。

しかし、日常生活のそれぞれの場で、自由と民主主義を獲得し実践することを通じて、私たち自身がそうした閉塞を乗り超え、希望の時代の幕開けを告げてゆくことは不可能ではあるまい。そのために、いま求められていること――それは、個と個の間で開かれた対話を積み重ねながら、人間らしく生きることの条件について一人ひとりが粘り強く思考することではないか。その営みの糧となるものが、教養に外ならないと私たちは考える。歴史とは何か、よく生きるとはいかなることか、世界そして人間はどこへ向かうべきなのか――こうした根源的な問いとの格闘が、文化と知の厚みを作り出し、個人と社会を支える基盤としての教養となった。まさにそのような教養への道案内こそ、岩波新書が創刊以来、追求してきたことである。

岩波新書は、日中戦争下の一九三八年一一月に赤版として創刊された。創刊の辞は、道義の精神に則らない日本の行動を憂慮し、批判的精神と良心的行動の欠如を戒めつつ、現代人の現代的教養を刊行の目的とする、と謳っている。以後、青版、黄版、新赤版と装いを改めながら、合計二五〇〇点余りを世に問うてきた。そして、いままた新赤版が一〇〇〇点を迎えたのを機に、人間の理性と良心への信頼を再確認し、それに裏打ちされた文化を培っていく決意を込めて、新しい装丁のもとに再出発したいと思う。一冊一冊から吹き出す新風が一人でも多くの読者の許に届くこと、そして希望ある時代への想像力を豊かにかき立てることを切に願う。

（二〇〇六年四月）